www.tredition.de

AF197447

Susanne Rehak

Ehe oder Ehe(r) nicht...

Eine Entscheidungshilfe

www.tredition.de

Verlag und Druck: tredition GmbH, Grindelallee 188, 20144
Hamburg

ISBN
Paperback: 978-3-7439-2041-5
Hardcover: 978-3-7439-2042-2
e-Book: 978-3-7439-2043-9

Inhalt

Für Daniel und Emily

Vorwort

Während Sie dieses Buch in Händen halten, machen Sie sich vielleicht Gedanken, was Sie von diesem Buch erwarten. Es ist nicht von Belang, welches Alter oder, wie heißt es in *Behördenformularen* so schön, welchen *Beziehungsstatus* Sie aktuell haben. Es kommt darauf an, dass Sie vielleicht an dem Status, in dem Sie sich derzeit befinden, etwas verändern wollen. Vielleicht haben Sie aber auch nur aus Neugier zu diesem Buch gegriffen und der Wunsch nach einer Veränderung kommt erst noch, wer weiß... Machen Sie jetzt mit mir eine kleine Reise. Sie haben es verdient, die ganze Wahrheit zu erfahren. Die unverblümte Wahrheit aller Beziehungsformen, die mir im Laufe meines langen Lebens begegnet oder vielleicht sogar selbst widerfahren sind. Vielleicht werden Sie sich in dem einen oder anderen Kapitel wiedererkennen und nach weiterer Studie dieses Buches feststellen, dass eine andere Beziehungsform als die jetzige, für Sie vielleicht die Passendere ist.

Wir sind alle so verschieden und quetschen uns doch in den meisten Fällen in staatliche, kirchlich oder gesellschaftlich vorgegebene Beziehungskorsette, die uns einschnüren und manchmal die Luft nehmen, um das Leben genießen zu können, was wir uns immer erträumt haben. Begleiten Sie mich nun auf eine Reise in die großartigen Facetten der Liebe, Eifersucht, Treue und Trennung und finden Sie sich am Ende bei sich selbst.

Alle Menschen sind klug – die einen vorher, die anderen nachher. Vor allem in einer Hinsicht sind sie es meistens nachher. Vorher denken sie, dass sie ganz gewiss verschont bleiben, dass die Statistik des Scheiterns niemals von ihrem Fall gefüttert wird. Also tun sie es! Geschwister, Freunde und Kollegen, Nachbarn, Kronprinzen und Fußballer. Arme wie Reiche, Junge und Alte. Die eigenen Eltern haben es in der Regel getan. Man selbst tut es meistens auch irgendwann. Die Reue kommt später.

Um es gleich zu sagen: Ich habe mich nicht an diesen Ratschlag gehalten. Und wie fast alle Menschen, die heiraten, war auch ich eine Überzeugungstäterin. Bis es dann doch irgendwann schiefging. Mit 46 lebte ich in Scheidung. Mein bisheriges Leben war ausgewischt und mit dieser Leere musste ich nun leben lernen. Nachdem ich das Tief überwunden hatte, begann ich mir über die Liebe und die Ehe Gedanken zu machen und darüber, warum beides auf Dauer für die meisten Menschen so schwer unter einen Hut zu bringen ist – und weshalb wir dennoch von dem Traum, es könnte funktionieren, nicht loskommen.

Wer einmal beschlossen hat, zu dem zarten, empfindlichen und romantischen Gefühl der Liebe müssten zwangsläufig Heirat, Leidenschaft und Ewigkeit gehören, hat dieser sich selbst keinen Gefallen getan. Aber wie sollten wir denn nicht von der Ehe träumen? Literatur und Kino, Magazine und Fernsehserien stellen sie nach wie vor als das romantische Ziel schlechthin dar – obwohl sie sich vor ihrer Darstellung drücken. Beschrieben wird vor allem das davor, nicht das danach. Das strahlende Paar, das sich endlich bekommen hat, steht nun vor dem Traualtar. *Happy End?*

Man stelle sich diese ganzen selig lächelnden Händchenhalter nur einmal fünf Jahre später vor. Eine der wenigen Ehen, bei der die Liebe nicht flöten ging, war die von Romeo und

Julia – weil diese beiden nicht mehr dazu kamen, sie im leidigen Alltag zu verschleißen. Aber Warnungen sind gerade in der romantischen Domäne nicht willkommen. Wir hegen eine Idealvorstellung von der Liebe als einem totalen Gefühl – und tun uns mit der Verwirklichung schwerer denn je. Doch gerade weil es mit der Umsetzung dieser Phantasie so hapert, träumen wir weiterhin von ihrer Erfüllung.

Eine Antwort auf diese maßlose, aberwitzige Sehnsucht ist die ständige Erfindung von immer neuen Verhaltensratschlägen, die jedoch nie eine wirkliche Gebrauchsanweisung für die Liebe ergeben. Dass Männer anders sind und Frauen auch haben wir zur Genüge erfahren. Und doch sind schon Adam und Eva irgendwie miteinander ausgekommen, ohne Ehering und trotz Schlange und Apfel; und die trieb- und zweckorientierten Sippschaften von der Eiszeit bis zum Mittelalter waren offenbar auch nicht ganz unglücklich. Über Jahrhunderte war die Ehe als wirtschaftliches und soziales Zweckbündnis fest etabliert. Doch dann brach mit der Literatur die Liebe über uns herein und seither regiert das Chaos.

Es schien mir an der Zeit, die Verstiegenheit der gefühlsmäßigen Ansprüche nicht nur in Frage zu stellen, sondern sie, wo immer möglich, auch zu heilen. Es gibt zahllose menschliche Verbindungen, die eigens dazu geschlossen scheinen, den anderen verrückt zu machen – und die, spätestens nachdem sie durch die Ehe gesellschaftlich anerkannt sind, auch harmlose Zaungäste in Mitleidenschaft ziehen. Erstaunlicherweise werden in einer Zeit, die für ihr Sicherheitsstreben bekannt ist, die Gefahren, die mit der Hochzeit beginnen, lächelnd ignoriert. Dabei drohen die schlimmsten Entgleisungen nicht im Rotlichtmilieu, sondern in der Reihenhaussiedlung, im Einfamilienhaus mit Vorgarten, in Hinterhofwohnungen und Etagenbehausungen. Glaubt man Kriminalstatistiken und Psychologen, ist die Ehe eine geradezu lebensbedrohliche Angelegenheit. Dennoch hat man vor die Zulassung zur Hochzeit noch immer keine Prüfung gesetzt, bietet keine Eherücktrittsversicherung an und lässt keinen Fragebogen ausfüllen, anhand dessen festgestellt wird, ob die Partner überhaupt zueinander passen. Zugegeben, es hat auch Vorteile, verheiratet zu sein. Verheiratete Männer leben angeblich länger und gesünder, die Ehe verschaffte schon manchem die notwendigen Sozialpunkte, um von der Kündigung verschont zu bleiben. Der Ehering steht Dicken wie Dünnen, und die allgemeine Vorliebe für Possessivpronomen verleiht den Begriffen »mein Mann« und »meine Frau« den Klang süßer Musik. Man mag vielleicht ab und zu einsam zu zweit sein, aber in jedem Fall ist man in Gesellschaft. Über die Vorzüge der Ehe ließe sich ein ganzes Buch schreiben – dies ein anderes Mal...

Natürlich ist jede Ehe anders. Und auch wieder nicht. Wenn man sich aufmerksam umschaut, fallen unterschiedliche Typen auf. Da gibt es beispielsweise den Partner, der sein Glück, geliebt zu werden, gar nicht fassen kann und den anderen daher argwöhnisch und eifersüchtig überwacht, ob er nicht doch ein Zeichen von Untreue findet. Jeder kennt den entzauberten Prinzen, der zum Rüpel wird, oder die Prinzessin, die sich plötzlich als Zicke entpuppt, sobald sie sich nach der Hochzeit sicher wähnt. Es gibt die smarte Schöne, die sich ihres Ehemanns, kaum, dass sie ihn sich geangelt hat, überdrüssig ist, und den eingefleischten Junggesellen, der keinen Grund sieht, sein Single-Verhalten nach Verlassen des Standesamts zu ändern, getreu dem Motto: »Festhalten und weitersuchen!« Es gibt Eheleute, die wie siamesische Zwillinge auftreten, und solche, die anscheinend nur heiraten, damit sie sich dank der Hochzeitsvorbereitungen endlich einmal wieder etwas zu erzählen haben. Aber nicht nur die Beteiligten, auch ihre Partnerschaften unterliegen bestimmten Mustern. Ob Künstler oder Schauspieler, Schriftsteller oder Philosophen, geschichtliche Gestalten oder Romanfiguren: An ihren Ehen lässt sich die Macht des Begehrens, die Gewalt der Leidenschaft, die Hoffnung auf Vereinbarkeit des Feuers der Liebe mit dem Wasser des Alltags ablesen – spannender und lehrreicher als in der Illustrierten beim Friseur. Zwar entspricht der Weg zur Ehe noch immer dem traditionellen Muster: verlieben, verloben, Heirat, Kinder – zusammen sein, »bis, dass der Tod Euch scheidet«. Aber in zwei von drei Fällen ist es nicht mehr der Tod, der Ehen scheidet, sondern der Alltag, eine andere Frau oder ein anderer Mann, der Beruf, Langeweile, der Traum von der Selbstverwirklichung, Eifersucht, Unzulänglichkeit oder schlicht unheilbare Inkompatibilität.

Die Liebe ist der Versuch der Natur, den Verstand aus dem Weg zu räumen; die daraus nicht selten resultierende Ehe ist der Versuch des Menschen, zu zweit mit Problemen fertigzuwerden, die man alleine nie gehabt hätte. Alle Beobachtungen des ungeheuren Ehealltags geben dem Historiker Recht. Die Taktiken und Strategien der Liebe, ob im Taumel der Verliebtheit, im Glück der Zweisamkeit, in der Qual des Zweifels oder im Schmerz der Trennung, machen Ehepaare interessant.

So lässt sich nicht nur eine tröstliche Wiederkehr des immer Gleichen, sondern auch eine Weiterentwicklung des Paarverhaltens beobachten! Diese Weiterentwicklung vollzieht sich in sieben Stadien bis hin zur Krönung der Zweisamkeit, dem, was sich als ideale Beziehung beschreiben lässt. Doch folgen diese sieben Stadien keiner zwangsläufigen Chronologie, im Gegenteil: Manche Menschen machen im Laufe ihres Lebens alle sieben Phasen durch, manche erleben nur zwei oder drei davon. Alle jedoch werden sich an der einen oder anderen Stelle wiederfinden.

Und so führt die Entwicklung der Ehe, die dieses Buch beschreibt, nicht linear vom dritten Kellergeschoß in den siebten Himmel, sondern sie ist ein Kreislauf, in dem sich jeder mal ganz oben und mal ganz unten befindet. Die gute Nachricht ist: Kein Stadium ist permanent. Und jedes lässt sich individuell zur idealen Beziehung ausbauen.

Innerhalb dieser Entwicklung der Zweisamkeit ist die weitverbreitete Liebesheirat ganz unten anzusiedeln: Sie trägt das unwägbare Gefühl, auf das sie gründet ist, bereits im Titel. Doch was für Paare wie Romeo und Julia, Napoleon und Josephine oder Ingrid Bergmann und Roberto Rossellini gut genug war, taugt allemal noch als Vorbild: Längst ist die Liebesheirat nicht mehr die Ausnahme, sondern die Regel. Da Leidenschaft jedoch bekanntlich nie von langer Dauer ist, nimmt die Verbindung, falls sie nicht ohnehin zerbricht, rasch den klassischen Verlauf und mündet im ruhigeren Fahrwasser der konventionellen Ehe.

Diese Form der Ehe setzt auf die patriarchalische Arbeitsteilung. Die Frau bleibt zu Hause bei den Kindern, Küche und Kühlschrank. Der Mann zieht in die Welt hinaus und schafft das Geld heran. Wo Hausfrauen verzweifeln, ist das Frustrationspotential indes für beide Seiten hoch. Nicht jeder fühlt sich zum Dasein als bessere Hälfte berufen. Wer vor der Ehe viele Sozialkontakte pflegte, und regelmäßig am Wochenende in Bars und Diskotheken unterwegs war, wird feststellen, dass sich der Alltag wie Handschellen um das eigene *Ich* legt.

Wenn man schon auf die Dauerhaftigkeit des Gefühls und die vermeintliche Sicherheit der klassischen Ehe nicht bauen kann, dann vielleicht auf die pure Vernunft? Zweckbündnisse, geschlossen aus solider Liebe zur Macht oder zum Geld für die Dynastie oder als Alibi, sind auch in unseren liebestollen Zeiten keineswegs so selten, wie man vermuten würde. Sie bilden das dritte Stadium der Eheentwicklung. Die relative Haltbarkeit solcher Vernunftehen beweist, dass das Gefühl dem Verstand durchaus folgen kann – solange dem beschaulichen Glück nicht Langeweile oder eine plötzliche Leidenschaft in die Quere kommen.

Gemäß dem Motto »Neue Runde, neues Glück!« suchen dann auch immer mehr Menschen unverdrossen mit einem neuen Partner jene Erfüllung, welche die alte Beziehung nicht mehr bieten konnte. Und so bildet die Mehrfach-Ehe das vierte Stadium der Entwicklung der Zweisamkeit.

Aber sind all jene, die zum zweiten, dritten oder vierten Mal heiraten, wirklich glücklicher als die idealistischen Anfänger? Haben sie aus den Fehlern und Scheidungen gelernt oder sind die Unterschiede zwischen den Ehegatten doch so gering, dass man besser gleich beim Ersten geblieben wäre?

Wer an seiner Ehe festhalten möchte und doch nach Abwechslung trachtet, kommt vielleicht mit der immer mehr verbreiteten *Ehe zu dritt* zurecht. Die Ehe zu dritt, diese fortschrittliche und in vieler Hinsicht zeitgemäße Ehe-Form, steht daher an fünfter Stelle der Entwicklung. Dass sich solche *Menage a Trios* trotz gewisser Vorteile für beide Gatten nur selten als haltbar erweisen, liegt vor allem daran, dass diese eigentlich ehrlichste Ehe-Form meistens als Lüge gelebt wird – und so wird manch stabiler Ehe die verdeckte Affäre zum Verhängnis. Am Ende gehen oft alle drei Beteiligten getrennte Wege.

Wer nach all dem Tumult einmal vom Liebeskarussell absteigt, ist in der Regel froh, einige Runden auszusetzen:

Diese Solisten befinden sich im sechsten und vorletzten Stadium der Ehe-Entwicklung. Die zunehmenden Single-Raten sind ein wichtiges Indiz für die fortschreitende Liebesweisheit unserer Gesellschaft, denn es handelt sich dabei vor allem um Menschen, die lieber allein bleiben als in einer Beziehung, die sie nicht erfüllt. Den Singles geht es nicht anders als allen anderen auch: Sie träumen von der idealen Beziehung – nur sind sie näher dran als jene, die sich noch auf einer niedrigeren Stufe der Eheentwicklung abmühen. Doch beruhigender Weise steht die ideale Beziehung jedem offen, den Singles ebenso wie den leidenschaftlich oder der auch schon abgekühlt Verheirateten, eine romantische Liebe wie zwischen Jack und Rose (*Titanic*), Romy Schneider und Alain Delon. Aber was macht eine ideale Beziehung aus? Das erfahren Sie am Ende dieses Buches.

»Wenn nun jemand rechte Ursache anzeigen kann, warum sie nicht miteinander verbunden werden sollten, so spreche er jetzt oder schweige für immer.« Warum folgt auf diesen Satz am Traualtar stets allgemeine Stille? Weshalb springen nicht gleich mehrere Freunde auf und erheben die Stimme zum Einspruch? Dieses Buch will auf eigene Weise sprechen, laut und deutlich, um all diese stillen Momente zu füllen, um all die Ehen zu verhindern, die trotz besseren Wissens, aus Langeweile, Pragmatismus oder aus Konvention geschlossen werden, und damit zahllose Liebesbeziehungen zu retten, bevor es zu spät ist. Es versteht sich als eine Einladung zum Spiel – mit Möglichkeiten, Bedürfnissen und Sehnsüchten. Ein Gedankenspiel, das als Erkenntnisgewinnung um die Ehe kreist und von ihren erstaunlichen Varianten erzählt. Vor allem aber handelt es davon, warum es in jeder Hinsicht klüger, gesünder, freudvoller und lohnender ist, NICHT zu heiraten – und wie sich die romantische Zweisamkeit dennoch bewahren lässt. »Ich habe die Ehre, nicht um deine Hand anzuhalten« sagte einst ein französischer Dichter. Ein Plädoyer also gegen die Ehe? Im Gegenteil. Vielmehr der gut begründete Vorschlag, alles miteinander zu tun – außer zu heiraten. Denn wer sich traut, auf die Annehmlichkeiten der Ehe zu verzichten, wird reich belohnt. Die wahren Romantiker sind heute diejenigen, die auf Sicherheit, Steuervorteile und Ehevertrag pfeifen. Sie haben begriffen, dass Liebe eine Menge Arbeit ist, bei der es nicht genügt, den richtigen Menschen zu finden, denn man muss auch selbst der richtige Mensch sein. Es gilt, sich guten Mutes auf eine lebenslange Anstrengung ohne Erfolgsgarantie und Haltbarkeitsversprechen einzustellen – mit großartigen Folgen für Leib und Seele. »Lieben belebt« versprach schon Goethe, der es wissen musste. »Lieben heißt zu kämpfen, ohne jemals gewinnen zu wollen« meine ich an dieser Stelle!

Die romantische Ehe

Beim Gedanken an eine Liebesheirat schlagen die Herzen unweigerlich höher. Hier haben wir sie: Die romantische Ehe! Die Hochzeit als Krönung einer *Amour fou**! Lebenslange Liebe und Leidenschaft mit Stempel eines Notars. Die Beispiele sind so zahlreich wie inspirierend: Allen voran Romeo und Julia, Orpheus und Eurydike, Napoleon und Josephine, Richard Burton und Liz Taylor, John Lennon und Yoko Ono. Die meisten dieser Liebespaare sind so berühmt, dass schon die Erwähnung ihrer Vornamen ausreicht, um Geschichten von wilder, wahnsinniger, hingegebener und hoffnungsloser Passion ins Gedächtnis zu rufen. Fasziniert betrachten wir ihre Bilder und lauschen ihren Schicksalen. Tatsächlich haben die meisten dieser berühmten Liebesgeschichten ein schlechtes Ende genommen. Auf manche große Liebe folgte die große Beschimpfung wie bei Mia Farrow und Woody Allen. Andere Leidenschaften endeten mit Mord (Othello und Desdemona) oder Selbstmord (Antonius und Kleopatra; Werther und Lotte) oder völliger Selbstaufgabe und Verzweiflung (*ich*). Auch in Mythologie und Fiktion gehen große Lieben gerne tragisch aus, wie bei einem meiner Lieblingspaare: Jack und Rose aus dem Film Titanic. Die Natur hat uns wunderbar ausgestattet. Mit Sinnesreizen und chemischen Substanzen, die im Bruchteil einer Sekunde auf das Gegenüber reagieren. Die Gesetze der Chemie und die Schaltstellen in unserem Gehirn verarbeiten diese Informationen und wir wissen sofort, ob ein Mensch es »rein biologisch« wert ist, sich mit uns zu vermehren. Gehen wir nun davon aus, dass der *Richtige* vor uns sitzt und es ein paar Stunden später zum ersten Kuss kommt, dann laufen unseren Synapsen auf Hochtouren und werten auch noch die gemeinsamen Gene auf Stimmigkeit im Erbgut aus. Wenn sich dann nicht einer von Beiden als völlig beziehungsunfähig herausstellt, steht einer kommenden Beziehung nichts mehr im Wege.

In den kommenden Tagen nach diesem ersten Kuss werden so viele Hormone ausgeschüttet, dass es unmöglich wird, vom anderen zu lassen. Fotos des Geliebten, werden in seiner Abwesenheit mit Verzückung betrachtet und eine längere Trennung verursacht fast körperliche Schmerzen. Das mag nach Romantik klingen, aber in Wirklichkeit sind es

Drogen, die der Körper selbst herzustellen vermag und denen wir für mehrere Wochen hilflos ausgeliefert sind.

Sie verschleiern uns den Blick auf das Wesentliche. Nämlich auf den Menschen, der hinter diesem Vorhang von Verliebtheit steckt. Aber trotz dieses Schwindels haben wir in dieser Phase die größte Chance auf eine dauerhafte Beziehung, wenn.... wir unsagbar viel Sex mit eben diesem Partner haben. Sex ist der Schlüssel zu einer langen, harmonischen und liebevollen Beziehung, wie wir sie uns alle wünschen. Zwei Hormone werden in der Erwartungsphase und beim Akt selbst ausgeschüttet, die das Erinnerungsvermögen an diese Gefühlsexplosionen verstärken und ankurbeln. Wie sinnvoll solches *Treiben* ist, zeigt die Betrachtung der Neurochemie des Orgasmus. Oxytocin, das bei beiden Geschlechtern während des Höhepunkts ausgeschüttet wird, ist ein Mittel des Friedens. Wie viele Versuche bestätigen, fördert es die Anhänglichkeit und wirkt Aggressionen entgegen. So dient also »viel Sex« als wesentlicher Bestandteil für langfristige Bindung! Vielleicht habe ich Ihnen jetzt eine Illusion genommen, die von ewiger Liebe und Romantik. Genau das will ich damit bewirken, damit wir verstehen, *wie* Gefühle entstehen und warum etwas so ist, wie es ist! Sie können auch das Buch wieder zuschlagen und sich einen Liebesroman kaufen. Doch wenn Sie die Erkenntnis über die Kniffe einer guten Beziehung erfahren wollen, dann lesen Sie einfach weiter.

Keine Frage: Nichts ist so aufregend wie taufrische Verliebtheit. Wenn die Schmetterlinge im Bauch sich nur nicht allmählich beruhigen würden. Sie gehen langsam aber stetig in ein angenehmes Kribbeln und schließlich in ein wohlig warmes Gefühl über. Man gewöhnt sich nach und nach an die Präsenz des anderen in seinem Leben. Erst an den allabendlichen Anruf, dann an die gemeinsamen Wochenenden, schließlich an die zusammen geplanten Einladungen und Reisen. Es wird stetig ruhiger – nicht weniger schön, aber doch weniger spannend. In den meisten Fällen bedarf es irgendwann nach der ersten Verliebtheit, dem zweiten Blick und dem dritten Jahr eines neuen dramaturgischen Höhepunkts. Die Gründe dafür, die verbindlichste aller Fragen zu stellen, können erschreckend banal sein, wie Hugh Grant im Film *Vier Hochzeiten und ein Todesfall* anklingen ließ*: *»Du meinst, die Ehe sei bloß eine Möglichkeit, eine peinliche Pause in der Konversation zu umgehen?«

Die Zeitspanne, die vom Entschluss zu heiraten bis zum tatsächlichen Hochzeitstag vergeht, wird in unserer Kultur glorifiziert und katapultiert die Liebe noch einmal in neue ungeahnte Höhen. Das bestätigen auch Forscher, die herausgefunden haben, dass die Zufriedenheit der Partner miteinander um den Zeitpunkt der Hochzeit am größten ist. Dabei ist die Vorbereitungsphase für den großen Tag in der Realität einfach nur besonders anstrengend. Angefüllt mit Vorbereitungen, Planung und Wettersorgen, Anproben und Probe-Essen. Und dann ist er plötzlich da, der angeblich schönste Tag im Leben. Die ganze Welt freut sich mit dem Paar, schreibt, gratuliert und schenkt. Zustimmung pur. Es ist verblüffend. Diese einzigartige, sonderbare und beflügelnde Erfahrung liefert mehr als genug Gesprächsstoff für die obligatorisch folgenden Flitterwochen, die man fast komplett mit dem Wiederkäuen des Hochzeitstages verbringen kann: Was Sabine anhatte und wie Thorstens Rede ankam und wie seltsam das Geschenk von Tante Inge ausgefallen ist. Und dann ist es plötzlich vorbei.

Verliebt, verlobt, verheiratet*. Beim gleichnamigen Ballspiel scheidet man an dieser Stelle aus. Ein ritueller Zyklus ist an sein Ende gelangt. Der nächste Schritt heißt in vielen Fällen: *geschieden*. Die Ehe besiegelt eine leidenschaftliche, eine große, mit viel Glück sogar die große Liebe – mit der es dann oft rasch vorbei ist, wenn der Alltag beginnt. In manchen Fällen lässt er sich jahrelang abwehren, aber irgendwann ist er unwiderruflich da. Sich zu arrangieren, Pflichten zu übernehmen, Verantwortung zu tragen, gehört zu jeder Liebesbeziehung, die länger währen soll als ein paar Wochen. Der Alltag ist für die meisten Menschen gleichbedeutend mit Monotonie, Banalität und Sorgen – eben das, wovon man Ferien macht. Das weiß man. Was man nicht weiß oder jedenfalls nicht wahrhaben will, ist, dass der Ehestand nichts, aber auch gar nichts daran ändert.

Solange wir verliebt sind, interessiert uns alles am anderen brennend. Wir verfolgen fasziniert, welchen Teil der Zeitung er als erstes liest, registrieren seine Badezimmerrituale und merken uns, wie er seinen Kaffee trinkt. Aber dann lässt die Aufmerksamkeit allmählich nach und ungefähr zur selben Zeit fällt uns auf, dass es dem anderen mit uns skandalöser Weise nicht anders geht. Die Enttäuschung darüber wiegt umso schwerer, als dass Glashausbewohner mit Wortsteinen zurückhaltend sein müssen. Forscher vermuten, dass der Rausch der Leidenschaft Frauen wie Männer blind gegenüber vielen charakterlichen Eigenschaften ihres Partners macht. Wir verlieben uns meistens zunächst tatsächlich in das Aussehen des anderen, nicht in sein Wesen. Unterschiedliche Charaktereigenschaften werden in diesem ekstatischen Zustand nicht nur geduldet, sondern sogar als spannend und bereichernd wahrgenommen. Diese Faszination sorgt dafür, dass wir uns zu einem gründlicheren, gegenseitigen Auskundschaften zusammentun. In dieser Zeit steigt der Serotoninspiegel im Körper der Verliebten, der zuvor auf einen krankhaft niedrigen Pegel abgesunken war, wieder auf Normalniveau an: Der Gemütszustand der Zwangsneurose, dem die Verliebtheit so ähnelt, ist abgeklungen. Jetzt kommen nicht nur die legendären Bindungshormone erneut ins Spiel, sondern endlich auch die Persönlichkeiten. Und von da an wird es kompliziert.

Denn die Liebe ist, ganz anders als die großmütig veranlagte Leidenschaft, pedantisch. Sie verlangt mehr als lediglich aufregende Gefühle mit einem fremden Wesen, das gut aussieht und sich auch schön anfühlt. Und im Gegensatz zu unserer biochemischen Unterleibsmaschinerie findet die Liebe im Kopf Gegensätze überhaupt nicht anziehend, sondern sie steht auf Ähnlichkeit aus Bequemlichkeit. Denn je ähnlicher ein Mensch uns ist, umso leichter fällt es uns, ihn zu verstehen und sein Verhalten nachzuvollziehen. Ähnlichkeit vermittelt uns daher Sicherheit und Geborgenheit, während das Fremde uns nach anfänglicher Neugier mehr und mehr irritiert. Bei Frischvermählten wird neben der hormonellen Ablenkung durch die leidenschaftliche Verliebtheit der Zusammenprall der Charaktere allerdings noch durch etwas Anderes hinausgezögert: zunächst ist schlicht das Glück, verheiratet zu sein, daran schuld. Alle Ehestudien kommen diesbezüglich zum selben Ergebnis: Verheiratete fühlen sich besser als Singles. Hat also die Hoffnung von der Liebe als Zweierglücksfabrik doch nicht gelogen? Die Antwort der

Forscher ist ein entschiedenes »Jein«. Langzeitstudien belegen, dass glückliche Menschen in der Regel häufiger heiraten als solche, die sich selbst als weniger glücklich einschätzen. Aber auch die Heirat selbst stimmt froh. Je näher der Hochzeitstermin rückt, umso glücklicher fühlen sich die Partner. Der zum Zeitpunkt der Heirat erhöhte Glückspegel hält die Verheirateten nur noch ein bisschen zufriedener als wenn sie nicht geheiratet hätten. Der Stolz, das gemeinsame Ziel erreicht zu haben, verebbt.

Während jedoch bei Frauen die Lebenszufriedenheit im Verlauf der ersten Ehejahre rasant abnimmt und nach vier Jahren ganz verschwunden ist, sind Männer nach drei Jahren Ehe im Durchschnitt noch fast so zufrieden wie zum Zeitpunkt der Heirat. Dazu passt, dass bei vier von fünf Scheidungen der Trennungswunsch von weiblicher Seite ausgeht, was Soziologen wiederum darauf zurückführen, dass Frauen heute wirtschaftlich selbstständiger sind und sich die Trennung daher finanziell viel eher erlauben können als früher. Doch die ökonomische Unabhängigkeit ist nur der zweite wichtige Faktor. Denn je weniger Frauen heute auf den Mann als Versorger angewiesen sind, ist dieser umso stärker als emotionaler Partner gefragt – und wenn er als Bezugsperson versagt, gibt es für Frauen oft keinen Grund mehr, bei ihm zu bleiben. Umso erstaunlicher mutet es da an, dass eine Heirat die männliche Lebenserwartung um vier Jahre in die Höhe schnellen lässt – offenbar hat der Mann noch gar nicht richtig begriffen, dass er in der Ehe stärker gefordert ist denn je.

Gleich und gleich gesellt sich gern

Das Glück in der Ehe, wo vorhanden, ist so individuell wie die Beziehungen, aber es lässt sich zumindest teilweise durch objektiv fassbare Faktoren erklären. So wird die subjektive Zufriedenheit in der Ehe durch die größtmögliche Übereinstimmung der Partner; beispielsweise ein ähnliches Ausbildungsniveau, vergleichbare familiäre Hintergründe und gleich religiöse Auffassungen, eindeutig unterstützt. Starke Unterschiede, was Alter, Wissen und Herkunft angeht, machen sich dagegen fast immer negativ bemerkbar. Allerdings würde kaum noch jemand heiraten, wenn er den bedrückenden Statistiken Bedeutung für sein eigenes Leben zubilligte. Letztlich glauben die meisten Menschen, dass der Regelfall sich auf sie selbst ohnehin nicht anwenden lässt. Es sind immer die anderen, von denen man annimmt, dass sie einen Autounfall haben, an Krebs erkranken oder in der Ehe Schiffbruch erleiden werden. Allerdings ist der »Überoptimismus«, wie Forscher diese Haltung nennen, in der Ehe leichter zerstörbar als in anderen privaten Bereichen: Den Beruf kann man wechseln, ein Hobby auch. In der auf Ewigkeit angelegten Ehe hingegen ist die tagtägliche Auseinandersetzung mit dem anderen gefragt – und mit den gegenseitigen Ansprüchen. Die Glückszuversicht kollidiert zusehends mit den Alltagssorgen. Gemessen an unseren Erwartungen, ist die Realität fast immer enttäuschend. Wo in der Liebesehe nichts als Gefühle und Hormonseligkeit den Zusammenhalt garantieren sollen, ist die Trennung immer schneller eine Möglichkeit. Da genügt es schon, dass der wechselseitige Beglückungsprozess sich verlangsamt und schließlich ganz ins Stocken gerät. Familiensoziologen haben noch eine andere Ehe-Rechnung aufgemacht; die Kosten-Nutzen-Analyse, bei der Ehe-Hindernisse und Alternativen berücksichtigt werden. Je niedriger die Trennungs-Barrieren und je verlockender die außerehelichen Möglichkeiten, desto gefährdeter sind selbst glückliche Ehen, stellen sie fest. Umgekehrt bedeutet dies aber auch, dass angeknackste Beziehungen halten können, wenn die Umstände sie dazu zwingen und kein Ausweg in Sicht ist. Günstig ist es zum Beispiel, wenn nicht so früh geheiratet wird: Sind die draufgängerischen Zeiten der Zwanziger überstanden, sinkt das Scheidungsrisiko beim Mann um zwei, bei der Frau gar um sieben Prozent pro Lebensjahr. Hat die Frau dagegen ein höheres Bildungsniveau als der Mann, steigt die Wahrscheinlichkeit einer Scheidung um fast fünfzig Prozent. Gemeinsamer Besitz, etwa von Immobilien, verringert die Gefahr der Trennung um sagenhafte 54, gemeinsame Kinder dagegen nur um 40 Prozent. Demnach hätten mein Mann und ich eigentlich beste Chancen haben müssen: Wir haben kirchlich geheiratet, was das Scheidungsrisiko um 40 Prozent verringert, haben beide den christlichen Glauben, was die Trennungswahrscheinlichkeit um starke 72 Prozent senken soll, wir waren beide nahezu gleich alt und wir hatten keinen Ehevertrag abgeschlossen. Auch was Familienhintergrund, Bildungsgrad und Wertvorstellungen angeht, war die von Soziologen empfohlene Ähnlichkeit durchaus vorhanden. Ist das Schiff der Liebe also an den Klippen des Alltags zerschellt, wie der Dichter Majakowski schrieb? Oder macht man es sich mit dieser Erklärung zu einfach?

Es ist wohl doch eher die Vorstellung, die mit der Zeit brüchiger wird und schließlich zerbricht, als das Gefühl. In anfänglicher Verliebtheit erschaffen wir uns einen anderen Menschen, und um das lieben zu können, was wir täglich sehen, werfen wir alle Eigenschaften hinaus, die ihn ausmachen, und ersetzen es mit unseren eigenen Vorstellungen. Wir wollen im anderen uns selbst erkennen und sobald wir nicht mehr das eigene Spiegelbild, sondern einen Fremden entdecken wird uns angst und bange. Wenn die Liebe eine Himmelsmacht ist, dann ist die Verliebtheit ihr Erzengel, der gegen Bedenken, Furcht und Zweifel ankämpft wie Michael gegen den Drachen. Verliebtheit ist vielleicht die intensivste und stärkste Form der Hoffnung, dass das Glück andauern wird, wenn man es nur genug will. Die Liebe suggeriert ein Idealbild des anderen, eine magische Zustimmung in eine gemeinsame Zukunft. Die Liebe strapaziert unsere Vorstellung, die wir als rational denkender Mensch haben, aufs Äußerste. Einen Liebesbrief zu öffnen und die Worte zu lesen, die so treffend an einen selbst gerichtet sind, vermögen es, die Zeit anzuhalten und die Welt um uns herum vergessen zu lassen. Jeden kann sie finden, überall und zu jeder Zeit – es sei denn, ein Mensch ist gerade frisch verliebt, denn: »Verliebtheit ist das Einzige, was vor neuer Verliebtheit schützt.« In das Gefühl der Verliebtheit sind wir heute mindestens genauso verliebt wie in den jeweiligen Partner der es auslöst. Die Leidenschaft übt eine große Macht auf die Liebe aus. Gleichzeitig übermalt die Liebe die Realität des jeweiligen Partners.

Die Moleküle der Liebe

Warum aber lässt sich dieser beglückende Zustand nicht konservieren? Die Antwort ist so einleuchtend wie bedauerlich: Weil unser Gehirn diesen Zustand auf Dauer nicht *aushalten* würden. Evolutionspsychologen, Neurobiologen und Hormon-Forscher sind dem Phänomen *Liebe* mit Kernspintomographie, Hirnstrommessung und Blutanalysen zu Leibe gerückt. Sie haben herausgefunden, dass starke Verliebtheit die Hirnregionen abschaltet, in denen negative Gefühle wie Angst, Trauer und Aggression entstehen.

Allein der Anblick des geliebten Menschen kann also die Wirkung eines Aufputschmittels oder Antidepressivums haben. Sie kann den morgendlichen Espresso ersetzen und den Nachtisch am Nachmittag gleich dazu. Mehr noch: Hochgradige Verliebtheit und eine Zwangsneurose sind medizinisch gesehen im Gehirn kaum voneinander zu unterscheiden – kein Wunder, sind verliebte Turteltauben doch wie besessen vom Objekt Ihrer Begierde.

Gehirnschaltkreise, die für Planung und die kritische Bewertung anderer zuständig sind, werden in Hinblick auf das geliebte Wesen einfach ausgeschaltet. Zugleich sinkt das *Serotonin-Level** auf ein krankhaft niedriges Niveau. Dieser ist in ausgewogener Mischung in Zeiten der »Nichtverliebtheit« für die schnelle Kommunikation im Gehirn zuständig: darum leiden Verliebte oft emotional, wenige sogar körperlich an ihrem Gefühl. Was wir also als Schwärme von Schmetterlingen verbunden mit Bauchkribbeln und das vermeintliche Hören von Geigenklang empfinden ist also nichts als eine chemische Reaktion. Das Schicksal hat nur insofern die Hand im Spiel, als dass sich zwei Menschen erst einmal begegnen müssen. Die richtigen Aufmerksamkeitssignale und anziehenden Duftstoffe tun dann ihr Übriges.

Ist ein Paar hochgradig verliebt, verändert sich erstaunlicherweise sogar der *Testosteron**-Spiegel beider liebeswilliger Protagonisten. Bei Männern ist dieser im Normalzustand höher als bei Frauen. Bei einem intensiven Flirt, der einen komplizierten unbewussten spiegelbildlichen Ablauf hervorruft, gleichen sich wie aus Zauberhand plötzlich auch beide Hormonlevel der Partner an: Beim Mann sinkt der Testosteronspiegel, bei der Frau steigt er an. So lässt die Natur die störenden Unterschiede zwischen den Geschlechtern verschwinden, damit wir uns ganz auf den einzig wesentlichen, nämlich den körperlichen *Unterschied*, konzentrieren können. Im Zuge der hormonellen Werbung wird der Mann einfühlsamer, die Frau reagiert entgegenkommender auf seine Wünsche. Die so entstehende Harmonie wird noch verstärkt durch eine deutlich erhöhte Ausschüttung von *Dopamin** und *Noradrenalin**. Diese Belohnungsstoffe täuschen das Gehirn auf ähnliche Weise wie herkömmliche Drogen. Sie schaffen durch jenes starke Glücksgefühl die Voraussetzung für eine mögliche längere Bindung.

In diesem Zustand sind wir geradezu süchtig nacheinander. *Dopamin** weckt zusätzlich Aufmerksamkeit und Konzentration. *Noradrenalin** lässt Herzen rasen und Hungergefühle verschwinden. Zusammen ergibt sich so das typische Bild des Verliebten, der an nichts Anderes denken kann als an den Partner. Dabei scheint er in diesem Zustand allein von Luft und Liebe zu leben.

Verknallt nennt man diesen Zustand bei Teenagern, doch jeder weiß: »Alter schützt vor Torheit nicht« und so begegnen uns, auf Parkbänken und in S-Bahnen, sich anschmachtende Ü-40ger mit strahlenden Augen, die sich anhimmeln. Dabei wissen wir alle, dass es sich dabei in den seltensten Fällen um ein Ehepaar handelt, dass in den Achtzigern geheiratet hat. Meistens sind es Internetbekanntschaften beim zweiten oder dritten Date.

Wer behauptet, er habe aus lauter Liebe sein Herz verloren, meint oft genau das Gegenteil: nämlich den Verstand. Verliebtheit ist lediglich die freundliche Umschreibung für eine totale, wenn auch vorübergehende Unzurechnungsfähigkeit. Dieser Zustand kann von einigen Monaten bis zu wenigen Jahren dauern.

Mit der Rückkehr zum biochemischen Normalzustand beginnen auch schon die ersten Beziehungsprobleme. Beweise für das, was die Hormone in Verliebtheit mit den Menschen anrichten können, finden sich in jeder gängigen Illustrierten. So amüsiert sich der Leser über die ungleiche Paarung von zwei Menschen, die unterschiedlicher nicht sein können: Prinz und Busenwunder, Reitlehrer und Erbin. Doch sind es doch diese Geschichten, die immer wieder aufs Neue beweisen, dass Leidenschaft sich nicht um Sinn und Verstand schert. Wenn die Menschen heute überhaupt heiraten, gibt es dafür zumeist nur einen allseits akzeptierten Grund: Sie tun es aus *Liebe*.

Wo früher wirtschaftliche, familiäre und gesellschaftliche Gründe für die Heirat verantwortlich waren, ist es heute umgekehrt. Das Gefühl schleift die Vernunft hinter sich her. Liebe ist unser Lebenselixier. Dank ihrer wird das Leid halbiert und die Freude verdoppelt. Der geliebte Mensch erscheint als Retter aus Stumpfsinn und Gleichgültigkeit; das Gefühl, welches er uns entgegenbringt, als unsere höchste Auszeichnung. Nun werden Liebe und Verliebtheit gern in einen Topf geworfen, weil man hofft, dass das eine auf das andere folgt. *Falsch gedacht*! Dazu müssen zwingend die richtigen Hormone mitspielen, nämlich diejenigen, die Vertrautheit, Wohlgefühl und Nähe auslösen: die Moleküle *Vasopressin** und *Oxytocin**. Den Idealfall bewiesen nordamerikanische Präriewühlmäuse in einem Versuch. Sobald da ein Mäuserich und ein Weibchen festgestellt haben, dass sie sich gut riechen können, fallen sie regelrecht übereinander her. Nach vierundzwanzigstündiger sexueller Ektase sind die Wühlmäuse so aufeinander fixiert, dass sie fortan für immer zusammenbleiben. In der Nacht der Nächte werden die Mäusehirne mit den Liebeshormonen *Oxytocin* und *Vasopressin* derart überflutet, dass die Tierchen vom Ohr bis in die Pfote auf den anderen Mäusepartner eingestellt sind. Die Weibchen werden dank *Oxytocin** zu treusorgenden Mäusefrauen und die Männchen mit Hilfe von *Vasopressin** zu Vorbildvätern. Und schon ist die Monogamie keine Anstrengung mehr, sondern beglückender Reflex auf Lebenszeit.

So wünschenswert es auch wäre, so funktioniert diese perfekte Verbindung beim Menschen leider nicht. Der Grund dafür ist, dass der Mensch ein wesentlich größeres Gehirn und eine längere Lebensdauer als eine Präriewühlmaus hat.

Bei uns spielt vor allem das *Oxytocin** eine Rolle, das Männer wie Frauen bei körperlichem Kontakt ausschütten.

Doch das Bindungshormon, das Stress und Anspannung bekämpft, erreicht beim Menschen nicht annähernd den hohen Pegel der Versuchstiere. Mit anderen Worten: Nimmt die Verliebtheit ab, lassen uns die biochemischen Abläufe im Stich. Kein Hormon flüstert uns mehr zu, wie wir uns weiter verhalten sollen. Nun sind wir selbst dafür verantwortlich, die Liebe als lohnendes Erlebnis zu bewahren. Das größte Geheimnis der Liebe kann selbst die Wissenschaft nur teilweise lüften. Also haben wir an dieser Stelle berechtigte Fragen: Warum ausgerechnet ich? Warum ausgerechnet er? Weshalb suchen wir uns gerade diesen einen Menschen aus, wo es doch so viele mögliche Kandidaten gibt? Weshalb ist uns ausgerechnet dieser eine so lieb, obwohl er weder umwerfend schön noch besonders originell oder gewandt ist? Wieso vermögen wir dann trotz beherzter Anstrengung kein erotisches Interesse an bestimmten möglichen Partnern zu entwickeln, die bedeutend attraktiver sind und mit denen es sich vielleicht sogar angenehmer leben ließe?

Wissenschaftler und Philosophen standen seit jeher vor diesem schier unlösbaren Problem wie der Mathematiker vor einer Formel. Doch während Erstere immer noch versuchen, uns die Gründe unseres Paarverhaltens verständnisvoll zu vermitteln, winken Philosophen inzwischen müde ab. Es steht uns nicht frei, uns in den Erstbesten zu verlieben, der uns *richtig* erscheint. Unsere Hormone und unsere Instinkte haben da ein gehöriges Wort mitzureden, was gemeinsam einen *guten* Gencocktail ergibt. Der weibliche Instinkt prüft strenger als der männliche, denn im Vergleich zu den Millionen Spermien, die Männer täglich produzieren, ist die weibliche *Eizelle** regelrecht Mangelware. Diese wenigen Eizellen zu befruchten ist somit keiner x-beliebig daher geschwommenen Kaulquappe zu überlassen! Grund: Das Resultat davon hat schließlich langwierige und anstrengende Folgen, wie wir wissen!

Der Wille, unsere genetische Signatur zu hinterlassen, mag uns einander zwar in die Arme treiben, jedoch werden anschließend sehr viel strengere Kriterien angelegt. Der Fortpflanzungstrieb ist nämlich dem Überlebenswillen überlegen und die sexuelle Auslese daher kein Luxus, sondern bittere Notwendigkeit. Jeder ist von der Natur dazu gezwungen, sich einen Partner zu suchen, mit dem er überlebensfähige Nachkommen produzieren kann. Schon beim ersten Kuss vergleichen Millionen chemische Komponenten beider Beteiligter in unseren Gehirnen, ob eine gemeinsame Verbindung lohnend wäre. So erschnuppern Frauen auf der Suche nach der passenden Hälfte häufig Männer, deren Abwehr Gene, die sogenannten *MHC Moleküle**, sich von ihren eigenen möglichst stark unterscheiden. Auf diese Weise wollen sie sicherstellen, dass der Nachkomme dadurch ein besonders effektives Abwehrsystem erhält. Auch Männer haben eine gute Nase für Partnerinnen, deren *MHC**-Profil stark von ihrem Eigenen abweicht. Da dieses gegenseitige Beschnüffeln aber in der fruchtbaren Zyklusphase der Frau zu einem anderen Ergebnis führen kann als während der übrigen Tage, ist darauf kein Verlass mehr. Besonders fatal ist die Tatsache, dass die Einnahme von hormonellen Verhütungsmitteln, die natürliche biologische Auswahl komplett verfälscht. Neben diesen naseweisen Duftstoffen sind aber noch andere Faktoren bei der Partnerwahl ausschlaggebend. Forscher wissen inzwischen, dass Frauen an unterschiedlichen Tagen ihres Monatszyklus ganz unterschiedlich auf Männer reagieren: Während sie an fruchtbaren Tagen testosteronstarke oder besonders männlich wirkende Männer bevorzugen, mit starkem Bartwuchs und stählernen Muskeln, bei denen sie instinktiv deren Genpool plündern wollen, sind ihnen an allen anderen Tagen, also an gut 23 von 28, feminine Männer lieber, deren Testosteronspiegel niedriger ist. Diese stellen sich häufig als sanfte, fürsorgliche und treue Partner dar. Mit diesen Männern gehen sie dann eine feste Bindung ein. Dies verhindert allerdings nicht, dass sie sich vor allem in der Zeit des Eisprungs weiterhin zu den Testosteronhengsten mit Muskeln und gutem Immunsystem hingezogen fühlen. So versucht die Frau, von beiden Männertypen das Beste zu bekommen: Für den Alltag hat sie den netten Kümmerer, für die Zeugung des Nachwuchses hält sie zur richtigen Zeit nach guten Genen Ausschau. Der schmähende Begriff »Samenraub« könnte durch diese Erkenntnisse der Naturwissenschaftler so eine ganz neue

Bedeutung bekommen. Verglichen mit den zwischen Genprofilen und Männertypen hin und hergerissenen, hochkomplexen Frauen, sind Männer simpel zu entschlüsselnde Kreaturen, was niemanden ernstlich erstaunen wird. Die Befunde bestätigen somit eines der weit verbreiteten Klischees: Das Auge des Mannes ist weit besser entwickelt als sein Verstand. Männer lieben zu jeder Stunde Gleichmaß und alle Attribute der Weiblichkeit. Junge Frauen scheinen immer die beste Wahl zu sein, weil diese Fruchtbarkeit verheißen. Natürlich lassen sie sich nicht ausschließlich von optischen Signalen leiten. Gerüche sind ebenfalls ein wichtiger Bestandteil unserer Partnerwahl. Es gibt keinen Kosmetikkonzern, der sich noch nicht an die Erstellung eines *Zauberduftes* zur siegreichen Anziehung des anderen Geschlechts gewagt hat. Frauen wägen ziemlich genau zwischen männlichen Eigenschaften ab, bevor sie sich mit der Mühe der Schwangerschaft und Geburt aufhalten. Die zeugungswilligen Herren der Schöpfung allerdings bevorzugen vor allem eine ansprechende Verpackung. Schon Karl Kraus wusste: »Es kommt gewiss nicht bloß auf das Äußere einer Frau an. Auch die Dessous sind wichtig.« Hier stößt die Euphorie jedoch an ihre Grenzen. Denn selbst durch die Nase des Einen ist noch lange nicht gewährleistet, dass eine Partnerin, die zum Sinnesrausch zwecks gemeinsamen Kinderzeugens genetisch hervorragend geeignet ist, auch in charakterlicher Hinsicht zu uns passt.

Die Liebenden der Literatur und Philosophie

Ausgerechnet die Literatur, die sich sonst so oft durchschlagende Wirkungslosigkeit im Hinblick auf den gesellschaftlichen Alltag nachsagen lassen muss, trägt die Hauptschuld am Siegeszug der Liebesheirat. Über Jahrhunderte hinweg heiratete man aus Nützlichkeits-erwägungen ganz im Sinne Kants, der die Ehe als: »die Verbindung zweier Personen verschiedenen Geschlechts zum lebenslangen wechselseitigen Besitz ihrer Geschlechts-eigenschaften« erklärte. Dem Philosophen ging es um die gesunde Regulierung der Triebe: Innerhalb der Ehe war Sex regelrecht vorgeschrieben, außerhalb verboten. Zweck eines solchen Bündnisses sei es, so Kant weiter; »Kinder zu erzeugen und zu erziehen«. Von *Liebe* hingegen ist hier nie die Rede. Kirchenvater Hieronymus hielt die glühende Liebe zur eigenen Frau sogar für einen Verstoß gegen Sinn und Zweck der Ehe, und noch mehr als tausend Jahre später bemerkte Michel de Montaigne, man müsse unterscheiden zwischen der ruhigen, moderaten Zuneigung der

Ehegatten und dem Gefühlsexzess außerehelicher Beziehungen: »Eine gute Ehe, falls es das gibt, lehnt es ab, sich mit der Liebe gemein zu machen.« Für Ehefrauen, so damals der Konsens der denkenden Männerwelt, sei es ohnehin gesünder, wenn sie die heftigsten Aufwallungen der Erotik gar nicht erst kennenlernten. Man wollte wohl keine schlafenden Hunde wecken... Schon der französische Barockdichter La Rochefoucauld meinte, wenige Menschen würden nicht lieben, wenn sie nicht von der Liebe gelesen hätten. Die leidenschaftliche Liebe haben insofern nicht die ersten Menschen, sondern die ersten Dichter erfunden, als sie in leuchtenden Worten davon erzählten, was wir einander zuflüstern. So sind romantische Ohrwürmer, beflügelt vom *Hohenlied Salomons*, *Tristan und Isolde*, *Romeo und Julia*, entstanden. Umgekehrt kann manche Lektüre die Abwesenheit von Leidenschaft im eigenen Leben schmerzlich fühlbar machen, wie die Selbstmordwelle zeigt, die Goethes *Werther* auslöste. Wenn das richtige Buch zur richtigen Zeit auf den richtigen Leser trifft, lassen sich Risiken und Nebenwirkungen nach wie vor nicht ausschließen. So wurde mir, einer Offenbarung gleich, die unwiderrufliche Erkenntnis bewusst, als ich eines Tages aufwachte und dachte, meine Ehe ist zu Ende! Jedoch kamen mir diese Worte in den Kopf, ohne zu diesem Zeitpunkt mit dem *Lieben* aufgehört zu haben. Am Schlimmsten ist jedoch die irgendwann aufkommende Erkenntnis, die einen wie einen Faustschlag trifft. Die Einsicht, dass die Ehe gescheitert ist; und das zu einem Zeitpunkt, an dem die Fassaden nach außen hin noch stehen; der Schein der heilen Welt noch gewahrt wird. Doch die innere Leere und Einsamkeit sind das untrügliche Zeichen dafür, dass man *alleine* ist, auch wenn die Person, die man zu lieben glaubte, morgens noch das Bett mit uns teilt.

Literatur, Musik und Kunst handeln aber nicht so sehr von der Zufriedenheit eines glücklichen Paares, sondern vielmehr von der wilden Sehnsucht jener, die nicht gleich zusammenkommen können. Wer mitfiebert, bekommt so einen Eindruck davon, dass ein intensiv erlebtes und gefühltes Leben möglich ist. Bei unserer Parteinahme für die Verliebten ignorieren wir geflissentlich die uralte Lektion, nämlich, dass Leidenschaft, wenn ausgelebt, immer auch Unglück, Zerstörung, Egoismus und in neun von zehn Fällen

Betrug bedeutet. Was bleibt, ist das Paradox, dass niemand, der dieses Leid mit seiner Leidenschaft auslöst, dies je beabsichtigt hat oder auch nur hat kommen sehen …

Die heute anerkannte Praxis der Liebesheirat ist ein Produkt des achtzehnten Jahrhunderts. Damals begann sich im aufgeklärten Europa die Auffassung durchzusetzen, dass eine Ehe unter Umständen auch auf gegenseitiger Zuneigung und nicht nur auf praktischen oder materiellen Erwägungen basieren kann. Auch im Theater wurde zunehmend das Ideal der romantischen Liebe vorgestellt. Immer mehr Paare fanden aufgrund persönlicher Entscheidung zueinander, bildeten Wahlverwandtschaften, wie Goethes Bestseller vorschlug. Mit *Sturm und Drang* suchten sie das tiefe Gefühl – und fanden es in der eigenen Einbildungskraft. Europa hatte genug vom feudalen Protz, genug von den Galanterien des Rokokos, genug auch von der revolutionären *Libertinage** zwischen den Geschlechtern. Zum Glücksstreben als menschliches Ur-Motiv, wie es auch die amerikanische Verfassung anerkannte, genügte es nicht mehr, wenn zwischen den Partnern wechselseitige Achtung und stilles Einverständnis der gesellschaftlich zu wahrenden Normen herrschte. Die Ehe wurde plötzlich als wichtiges Mittel gesehen, Glück dauerhaft erfahrbar zu machen. So entwickelte sich die Liebe vom neckischen Spiel mit dem Trieb zu einer Sache der reinen Gefühle und des heiligen Ernstes. Mit der Romantik schlug die Stunde der größten Gefühlsduselei in der Geschichte des Abendlandes. So ergriffen waren die Menschen von der Entdeckung ihrer Herzen, dass sie darüber fast vergaßen, dass man sich nicht nur anschauen, schreiben und seufzend nacheinander sehnen, sondern auch umarmen kann. Während Briten und Franzosen es sich aufgrund dringender Expansionsgelüste und unaufschiebbarer wirtschaftlicher Dynamik nicht erlauben konnten, im Gefühl zu versinken, hatten die bedächtigen Deutschen offenbar nur auf die große Liebe gewartet. Der Rationalismus eines *Descartes*＊ hatte hier schon im lehmigen Sumpf des dreißigjährigen Krieges nicht recht Wurzeln schlagen können, und auch anderthalb Jahrhunderte später sehnten sich die nostalgisch veranlagten Bewohner dieses beschaulichen Landes nicht nur nach der Klarheit und Vernunft, sondern auch nach Innerlichkeit und Geborgenheit wie einst im Mittelalter. Ausländische Reisende jeder Epoche schilderten die Teutonen als liebenswürdige, aufgeschlossene, rührende Leute, die nur beim Essen und Trinken gelegentlich zu Exzessen neigten. Über ihren musizierenden, philosophierenden, plaudernden Zusammenkünften braute sich eine Bürgerlichkeit zusammen, deren Spießigkeit erst hundert Jahre später vorsichtig verspottet werden durfte. Goethes Leser waren so versessen auf starke Gefühle, dass sie sich sogar in ihr eigenes *Unglücklichsein* verlieben konnten. Allmählich fand man Geschmack an der Liebesheirat. Diese Entwicklung, die das Gefühlsleben revolutionierte, hatte aber auch eine Kehrseite: Angesichts des neuen seelischen Gleichklangs konnte man sich plötzlich schlechter mit dem natürlichen, aber noch wissenschaftlich unerforschten hormonell-emotionalen Niedergang abfinden, den Männer, aber auch Frauen des Barock und Rokoko durch stete erotische Abwechslung so wacker bekämpft hatten. Plötzlich war die Ehe zum Risiko geworden. Wer wählt, ist schließlich auch für seine Wahl verantwortlich. Und wenn ihm diese nach einiger Zeit schal erscheint, muss er sich fragen, warum dies so ist. Die Nebenwirkung der Liebesheirat: *Ehekrisen*!

»Himmelhoch jauchzend, zu Tode betrübt« Dieses von Goethe postulierte Wechselbad der Gefühle muss sich jeder Liebende gewahr werden. Da hilft nur bedingt, dass die Liebensheirat endgültig in allen Bevölkerungsschichten zur Norm geworden ist. Sie scheint die letzte, einige Lebensform zu sein, die den radikal wechselnden äußeren Verhältnissen überhaupt noch zaghaft standhält. Selbst wenn alles dafürspricht, dass Ehen nach wie vor auch aus Karrierekalkül und Ehrgeiz eingegangen werden, klammern wir uns doch verzweifelt an die schöne Idee vom Bund fürs Leben als *Bund für das Lieben*.

Doch wo der sakrale Charakter des Gelöbnisses weitgehend verschwunden ist, muss die Liebe selbst zum Maß aller Dinge werden. Sie muss zumindest so tun, als stünde sie über allen eigennützigen Interessen, denn schließlich soll sie ihrem Charakter nach selbstlos sein. Daher darf sie keine Begründung außer in sich selbst finden.

Ganz nebenbei bleibt so ihr Mythos gewahrt. Nur: muss man wirklich heiraten, um an dieser Hoffnung teilzuhaben? Nach dem Zusammenbruch von Kommunismus und Sozialismus ist die romantische Liebe die letzte große Ideologie, die uns geblieben ist. Den Beweis dafür, dass sie keine Utopie ist, strebt jeder Mensch auf persönlicher Ebene an. Öffentliche Zeremonien und Rituale sind die Kennzeichen ihrer Macht. Kino und Werbebilder aus unserer Alltagskultur haben erotische Modellfunktion. Wir sind der Liebesideologie verfallen, ohne es recht zu bemerken. Ihren Anhängern verspricht sie die Erfüllung, Geborgenheit und Kinder, leinwandreife Küsse sind ihr Wahlplakat, und die Hochzeit ist der Schwur auf ihre Verfassung. Wo es nicht mehr selbstverständlich ist zu heiraten, kommt dem repräsentativen Charakter des Fests allerhöchste Bedeutung zu. Der schönste Tag ist zwar ganz schön teuer – aber seine Symbolkraft strahlt dafür weit über ihn hinaus. Wer heute heiratet, tut dies immer auch demonstrativ, um zu zeigen, dass er es

ernst meint mit seiner Liebe. Nach dem Vorbild aristokrati-
scher Vermählungen lebt die festliche, aufwendige Zeremo-
nie mit zahlreichen Freunden und Verwandten wieder auf.
Längst ist die Hochzeit zu einem Statussymbol geworden,
wo Gästezahl und Menüfolgen eine zentrale Rolle spielen
und verglichen werden. Ab Mai haben da *Cutaway** und
Frack, bei den Damen Kostüme, Hüte und Ballkleider Hoch-
saison. Es gehört zum guten Ton, es zur Feier der Liebe richtig *krachen* zu lassen – was manchmal die Form eines doppelten Ego-Trips annimmt. Hochzeitslisten, auf denen kein
Geschenk weniger als hundert Euro kostet, sind da keine
Seltenheit, ebenso wenig wie Einladungen zu Zeremonien
auf Berggipfeln oder im Wüstensand. Kein geladener Gast
würde da kritisieren, dass er sich die Reise im Dienste fremder Romantik eigentlich nicht leisten kann. Die Hochzeit
quasi als ultimative Huldigung der Liebesideologie. Die
Liebe mag demokratisch sein; die Hochzeit, mit der sich die
bestehende Ordnung seit je auch selbst feiert, wird immer
ein konservativer Schritt bleiben.

Da die Ehe heute ihre traditionellen Aufgaben größtenteils
verloren hat, stellt sie in vielerlei Hinsicht keine Erweiterung

mehr dar, sondern eine freiwillige Beschränkung. In Zeiten maximaler Möglichkeiten ist sie eine Absage an die unendliche Vielzahl persönlicher Entfaltungsweisen. Deshalb ist der Einzelne mit der Hochzeitsfrage heute auch ganz auf sich gestellt: Er und nur er selbst kann der Ehe individuellen Sinn verleihen. Die Motive zu heiraten sind daher heute so vielschichtig wie nie zuvor – gerade weil die Religion in dieser zentralen Frage radikal an Einfluss verloren hat und sich die meisten Menschen von den gesellschaftlichen Verhältnissen und Einrichtungen erst recht nicht mehr diktieren lassen, was sie tun und lassen sollen. Die Liebe ist der letzte Bereich, den wir ganz und gar selbst gestalten können. Das Problem ist nur: wir müssen es auch selbst tun. Alles andere mag sich aufschieben oder delegieren lassen, doch die Arbeit an der Beziehung bleibt zu jeder Zeit ausschließlich uns selbst und dem Partner überlassen. Um frischen Mutes an die *Liebesplanung* zu gehen, braucht es eine Art Zündung, die dafür sorgt, dass das ganze nach Vergnügen und nicht nach Mühe aussieht. Und so setzen wir der Vergänglichkeit der Liebe das Bestandsversprechen der Ehe entgegen – und hoffen das Beste. Romantische Liebe erzeugt die intensivste

Form von Zugehörigkeit, die es gibt. Leider auch oft die Kürzeste, denn die Liebe ist meistens der einzige und letzte Teil unseres Lebens, in dem wir nicht nur für unsere Taten gemocht, akzeptiert und geliebt werden wollen, sondern schlicht für das, was wir sind. Stärkste Bestätigung dieses Geliebt-, Gemocht- und Akzeptiertwerdens ist der Heiratsantrag. Er stellt das schönste aller Komplimente dar, auch wenn dieser häufig viel zu übertrieben das Ende des *schlampigen Verhältnisses* einläutet. Manchmal bedeutet es lediglich: Jetzt, in diesem Augenblick, erscheinst du mir begehrenswerter als alle anderen, und ich wünsche mir, dass es die nächste Zeit auch so bleibt!

Nun sind Frauen ihrer Natur nach für Komplimente äußerst empfänglich. Aber dass die meisten auf die Frage »Willst du mich heiraten?« lieber mit »ja« als mit: »nö, wieso?« antworten, liegt nicht nur an der Nachgiebigkeit und Duldsamkeit der Damenwelt, sondern ebenso sehr an Literatur, Kino und Kunst, an Zeitschriften, Fernsehserien und Werbeclips. Dort wird fortgeführt, was in der Liebe geschehen kann – und soll. Das *Happy End* trägt fast immer Schleier. Selbst die profane Wettervorhersage wird zur Frühlingszeit mit einem turtelnden Brautpaar als Symbol der Sonnenhoffnung aufgepeppt. Illustrierte verbreiten derweil königliches Hochzeitsfieber, und jeder Versandhauskatalog enthält einen Hinweis auf Hochzeitslisten. Im Alltag mögen sich diese Hinweise noch standhaft ignorieren lassen, aber im Kino kommt man nicht daran vorbei. In Harry und Sally, einem Kultfilm der späten achtziger Jahre, hieß der zentrale Satz: »Wenn man begriffen hat, dass man den Rest des Lebens zusammen verbringen will, dann will man, dass der Rest des Lebens so schnell wie möglich beginnt«. Einige Jahre später war Schlaflos in Seattle angesagt: »Es waren Millionen winzig kleiner Dinge, und wenn man sie alle zusammenzählt, bedeutet das, dass wir füreinander bestimmt waren. Und ich wusste es. Ich meine, ich wusste es in dem Moment, als ich sie das erste Mal berührt habe. Es war, als würde ich nach Hause kommen«. Im Film *Notting Hill* waren 1999 die Rollen zwar vertauscht, aber die Botschaft blieb gleich: »Der ganze Ruhm ist nichts wirklich Echtes, weißt du. Vergiss nicht, ich bin auch nur ein Mädchen, das vor einem Jungen steht und ihn bittet, es zu lieben«-

Wo eine ganze Kultur derart vernarrt in romantische Verliebt ist und die letzte Filmeinstellung regelmäßig läutende Kirchenglocken, strahlende Brautpaare oder den zärtlichen Ehealltag ins kollektive Gedächtnis beamt, erscheint die Ehe als Verheißung, nicht als Drohung. Die Hoffnung, dass mit der Heirat alles an seinen Platz fallen könnte, hat sich sogar der misstrauischen Gegenwartsliteratur eingeschrieben, die sonst hinter jedem Gefühl gleich den doppelten Boden wittert. Bei aller Unabsehbarkeit menschlichen Handelns, Denkens und Fühlens ist es tröstlich zu sehen, dass selbst die extrem Reichen, extrem Schönen und extrem Begabten in Sachen Liebe auch nur mit Wasser kochen. Wie vor allem Künstler leben, lieben und an der Liebe scheitern, hat nicht nur eine private Dimension, sie reflektieren intensiver als andere Menschen den Geist einer Epoche. Ihre Abweichungen von der Norm werden daher fasziniert, aber auch misstrauisch beäugt. Denn dabei zeigt sich immer wieder, wie gleichgültig der Leidenschaft das spießige Homogenitätsverlangen der Gesellschaft ist, wie wenig sie sich um Gesetze und Normen schert und wie kurzlebig sie oft ist. Paare wie Napoleon und Josephine, Roberto Rossellini und Ingrid Bergmann, Arthur Miller und Marilyn Monroe oder Tom Cruise und Nicole Kidman beweisen, dass die Welt sich ohne Leidenschaft nicht drehen würde. Das Schöne aber ist, dass sich die Liebe, so vorhersehbar ihre einzelnen Zutaten auch heute sein mögen, wieder in ein Geheimnis verwandelt, sobald sie zwei Personen befällt. Dann nämlich kommen jene grundsätzlichen Eigenschaften zum Tragen, die Männer an Frauen und Frauen an Männern noch nie verstehen konnten, die aber nach wie vor starke gegenseitige Anziehung bewirken. Und so sind die überzeugendsten Beispiele für die Gefährdung der Liebesehe oft gerade die Liebenden, die sie eingehen.

Anders als in Literatur, Oper und Film, wo einmal glücklich geschlossene Ehen für immer Bestand haben, werden die Ehen von Schriftstellern, Komponisten und Schauspielern ebenso wenig im Himmel geschlossen wie unsere Eigenen.

Beispiele für Liebesehen gibt es eine Menge: Liebende, die ihre Leidenschaft verherrlichen und mit der Heirat sich und andere davon überzeugen wollen, dass sie andauern wird, kennt man aus dem Bekanntenkreis ebenso wie aus Zeitschriften. Als zynisch gilt, wer von vornherein nicht glauben mag, dass die Prinzessin mit dem Kellner glücklich wird, die Sängerin mit dem Tanzlehrer oder die Schauspielerin und der Kameramann. Hinterher häufen sich die Erklärungen und gutgemeinten Ratschläge fürs nächste Mal.

Wenn die Geigen verstummen

Schon Goethe fand: »Liebe ist etwas Ideelles, Heirat etwas Reelles, und nie verwechselt man ungestraft das Ideelle mit dem Reellen.« Dies war auch der Grund, weshalb er unter allen Festen die Hochzeit als das Unschicklichste verdammte. Natürlich ist die in Gedanken recht weitverbreitete Einstellung, wenn es nicht klappt, kann ich mich ja immer noch scheiden lassen, weder beziehungs- noch sonst wie fördernd. Dass sie trotzdem bei den meisten Hochzeitsfeiern einer oder beiden Hauptpersonen als Notausgang im Hinterkopf herumspukt, ist heutzutage wohl normal. Denn zur Natur einer aus bedingungsloser Verliebtheit geschlossenen Ehe gehört, dass sie rasch wieder verworfen wird, wenn Schwierigkeiten auftauchen. Der Widerspruch zwischen einer Ehe, die nichts als Liebe sein will, und einer Liebe, die sich durch die Ehe ihrer Beständigkeit vergewissern will, lässt sich trotz aller guten Vorsätze und wilden Wollens nicht auflösen. Denn während die Liebe sich nicht um gesellschaftliche Normen schert, muss sie sich ihnen mit der Ehe unterwerfen. Aus der Verheißung »Ich liebe dich, und deshalb möchte ich dich heiraten.« wird das Problem »Du hast mich geheiratet, also musst du mich lieben.« Unter dieser emotionalen Überlastung leiden alle Liebeshochzeiter und nicht wenige dieser Eheleute zerbrechen an ihr. Denn nachdem sie im freien Fall in die Liebensfalle gerauscht sind, drohen die Enttäuschungen und das Bild, das sich die Liebenden voneinander und von ihrer Beziehung gemacht haben, zu sehr zu beschädigen, so dass man sich oft lieber trennt, anstatt an der Überwindung der Probleme zu arbeiten. Denn umso besser lässt sich schon bald wieder davon träumen, einen anderen Partner zu finden, der dann endlich der Richtige sein und alle Hoffnungen erfüllen wird.

Wir brauchen uns nur umzusehen: Der Konflikt zwischen ehelicher Ordnung und impulsiver Verliebtheit mag auf wissenschaftlichem Weg erklärbar sein, lösbar ist er nicht. Nachdem die gegenseitige Begeisterung abgeklungen ist, muss das schwärmerische Paar einsehen, dass der andere nicht alle Träume und Wünsche erfüllen wird. Wer diese Enttäuschung nicht bewältigen und seine Ansprüche nicht der Realität anpassen kann, trennt sich lieber. Wobei die Krise vor allem dann offenkundig wird, wenn beide etwa zur selben Zeit zu dieser Erkenntnis kommen. Bei einigen verpufft dann das einst so starke Zusammengehörigkeitsgefühl wie heiße Luft – ganz so, wie schon Robert Lemke akkurat bemerkte: »Eine Frau zu heiraten, weil man sie liebt, ist zwar eine Entscheidung, aber kein Grund«. Die Liebe ist daher der wackeligste Grund für eine Ehe, weil sie statt mit dem Verstand aus dem hormonell bewegten Unterleib heraus geschlossen wird. Und nicht nur bei Männern funktioniert bekanntlich entweder die eine oder die andere Körperregion, aber nie beide gleichzeitig. Dennoch wiegen wir uns in Sicherheit: Was kann da schon schiefgehen, wo zwei sich lieben? Alles, natürlich! Denn nichts wird teurer bezahlt als die Hoffnung, die Ehe böte auf Endlosschleife programmiertes Liebesglück. Stattdessen ist die Liebesheirat oft der Auftakt zu einer Bewährungsprobe, die beide Beteiligte nicht bestehen. Am Ende müssen Gefühl und Verstand nicht selten vor ihrer gegenseitigen Unvereinbarkeit kapitulieren. Stellt sich irgendwann heraus, dass man einander nur noch traurig oder wütend macht, aber nicht froh, ist das Ende nicht mehr weit. Ideal und Wirklichkeit klaffen unerreichbar weit auseinander. Das ist kein Grund zur Bestürzung. Höchstens zur Kreativität. Denn wer rechtzeitig erkennt, dass es mehr als Leidenschaft braucht, um sich dauerhaft gut zu verstehen, wird selbst dafür sorgen, dass die Liebe sich verändert und weiterentwickelt. Der lang ersehnte Moment nach der, außer für das Brautpaar selbst, ermüdenden Hochzeitszeremonie, ist der befreiende Satz des Geistlichen: »Sie dürfen die Braut jetzt küssen!« Danach folgen Jubel, Orgelklänge, Reis, Lächeln für die Kamera, viel Glück und viel Segen. Und so endet die monatelang herbeigesehnte Trauung mit akribisch ausgewähltem Blumenschmuck, dem andächtigen *Ave Maria* und für die Gäste mit den Gedanken: »Jetzt erst mal aufs Klo. Endlich eine Zigarette. Hoffentlich bleibt am Buffet für mich noch was übrig.« Für das Paar selbst mag dieser magische Moment noch ein wenig anhalten. Nämlich so lange, bis alle Gäste begrüßt und das letzte Spiel gespielt ist und man irgendwann viel zu früh sich todmüde aus den unbequemen Klamotten schält, um einfach nur ins Bett zu fallen. Am nächsten Morgen ist der Zauber vorbei und das ergreifende Gefühl dieses wichtigen Tages wird mit dem weißen Kleid in den Schrank gehängt. So verdrängt nach und nach der Alltag den festen Vorsatz, es besser zu machen als alle anderen Paare die man kennt. Da sind plötzlich die bisher übersehenen oder ignorierten Unterschiede im Lebensrhythmus und fangen ganz leise an zu quälen. So wie ein leichter Kopfschmerz. Der Grauschleier der Missverständnisse legt sich eines Tages auf das Glück und Sex ist plötzlich das, was andere haben. Plötzlich versteht man, was *Montaigne** meinte, als er sagte: »eine gute Ehe gibt es nur zwischen einer blinden Frau und einem tauben Mann« Dazu der ständige Streit ums liebe Geld, das Ein- und Ausräumen von Spülmaschinen, Gespräche zwischen Tür und Angel. Müdigkeit kommt beiderseits zum falschen Zeitpunkt auf, Auseinandersetzungen um das Haar in der Suppe häufen sich.

Alles Spießer

Eine Ansage: einfach, klar und unmissverständlich. »...bis dass der Tod Euch scheidet!« So ging es Jahrhunderte dahin, manchmal sogar gut. Man arrangierte sich, trat als Paar auf, war den Kindern Vater und Mutter, auch wenn man sich sonst wenig zu sagen und zu bieten hatte. Die *normale Ehe*, die der Staat als Keimzelle der Familie unter seinen besonderen Schutz gestellt hat, ist in den wenigsten Fällen das, was man beim Anblick zwei händchenhaltender Eheleute vermutet. Bei halbierten Rechten und verdoppelten Pflichten ist sie weniger auf das Glück der Gatten als auf den Nachwuchs ausgerichtet. Hier waltet die Mutter, die hofft, dass ihre Tochter eines Tages einen besseren Mann bekommt als sie selbst, und die davon überzeugt ist, dass ihr Sohn niemals eine so gute Frau abkriegen wird wie sein Vater. Dies ist die Eheform, von der die Engländer sagen: »It begins when she sinks into his arms and ends with her arms in the sink.« Auf gut Deutsch: *Es beginnt,* *wenn sie in seine Arme sinkt, und endet damit, dass sie in Haus-arbeit ertrinkt.* Es ist die Ehe, in der die Banalität des Alltags die Liebe oft verdrängt und schließlich besiegt. Es ist eine Ehe, bei der Schein und Sein auseinanderklaffen, wo die Tag- und Nachtseiten der Institution sich bemerkbar machen wie zum Beispiel bei den Nachbarn, die sich unter der Woche anbrüllen, dass die Wände wackeln, aber am Sonntag Arm in Arm zum Gottesdienst schreiten. Außen hui, innen pfui. Es ist die Ehe, die in erster Linie zusammengehalten wird aus dem Zement der gesellschaftlichen und staatlichen Anforderungen. Selbstverständlich ist da anfangs immer noch der eiserne Wille für den Versuch, den Traum der vollendeten Beziehung zu realisieren. Denn wo die Liebesehe oft als Erfüllungsgehilfin von Egoisten erscheint, ist die konventionelle Ehe ihrem Wesen nach *altruistisch**.

Die Mehrzahl der Männer sehnt sich weiterhin nach weiblicher Rundumversorgung, und Frauen, die auf ihre Unabhängigkeit nicht verzichten wollen, reiben sich auf zwischen Schreibtisch, Herd und Wickelkommode, damit die eigene Emanzipation nicht zu Lasten des Mannes geht. Die Mei-

nungen darüber, ob diese Art der Ehe heute noch erstrebenswert ist, gehen weit auseinander. Das widersprüchliche
Image zeigt sich auch an zwei beliebten Werbespots: In einem muss sich eine Familienmutter auf einer Party anhören,
wie andere über ihre Berufe sprechen und sich selbst dabei
ins rechte Licht rücken. Schließlich neigt sich eine der Karri-
erefrauen zu ihr und fragt von oben herab: »Und was machen Sie so beruflich?« Vor dem inneren Auge der Frau und
des Zuschauers erscheinen die tausend kleinen Pflichten
und Arbeiten, die eine Familie Tag für Tag mit sich bringen.
Sie strafft die Schultern, setzt ein strahlendes Lächeln auf
und antwortet souverän: »Ich leite ein sehr erfolgreiches
kleines Familienunternehmen«. In einem anderen prämier-
ten Werbespot piesackt die Tochter ihren Vater, mit dem sie
vor einem Wohnwagen hockt. Das Mädchen erzählt begeis-
tert von einer Familie, die in einem Eigenheim lebt, mit gro-
ßem Garten und Pool. Der Vater sagt: »Das sind doch Spießer.« Dann erzählt das Mädchen von einem Freund, dessen
Eltern eine Dachwohnung haben mit Blick über die ganze
Stadt. »Auch Spießer!« Das Kind überlegt einen Augenblick

und verkündet dann entschlossen: »Papa, wenn ich groß bin, dann will ich auch Spießer werden!«

Die eigentliche Kluft in der konventionellen Ehe verläuft jedoch nicht zwischen Eltern und Kindern, sondern zwischen Mann und Frau. Das, was als neue, schicke Spießigkeit ausgerufen wird, ist in Wahrheit die alte Bürgerlichkeit, mit der die Rückkehr zu längst überwunden geglaubten Geschlechterrollen geprobt wird. Die Frauen widmen sich der Aufzucht der lieben Kleinen und halten dem Mann den Rücken frei. Ob es aus ökonomischen, modischen oder psychologischen Motiven geschieht: Der Staat sieht es sehr gern, und die Nachbarn auch. Nicht selten erscheint Außenstehenden die konventionelle Ehe als Mischung aus Ereignislosigkeit, Konvention, Geldknappheit und Langeweile. Doch das, was so manche Akademikerin als ausgemachte Macho-Ehe weit von sich weist, hat seine uralte Berechtigung – und das nicht ohne Grund! Schätzungsweise neunzig Prozent aller Ehen weltweit lassen sich dieser *Spießerehe* zuordnen. Viele von ihnen werden zwar unter dem Vorzeichen der Liebesheirat begonnen, aber schon bald als konventionell-patriarchalische Verbindung mit klassischer Rollenverteilung geführt.

Die Beiden durchlaufen womöglich lange Phasen, wo sich das Zusammenbleiben auf Vernunft zum Wohle der Familie gründet oder zwecks Abwechslung in eine Ehe zu dritt eingewilligt wird. Wenn alles gutgeht, wird die *konventionelle* Ehe eines Tages sogar wieder zur Liebesehe. Das geschieht jedoch meistens erst, wenn die Kinder aus dem Haus sind. Manchmal sehen die Partner dann aber auch gar keinen Grund mehr, weiterhin zusammenzubleiben. Die Scheidungsraten steigen nicht nur im vorverlegten verflixten vierten Jahr heftig an, sondern auch um die Porzellanhochzeit, also um das zwanzigste Jubeljahr herum. Im Vergleich zur oft kurzlebigen Liebesheirat ist die konventionelle Ehe dennoch eine relativ stabile Form der Zweisamkeit – mit der Einschränkung, dass nicht jede Ehe, die andauert, allein deswegen unbedingt *gut* sein muss. Auch wenn die große Mehrheit der Ehen konventionell geführt wird, bedeutet dies keineswegs, dass die allermeisten Gattinnen als Hauptberuf Hausfrauen und Mütter sind, sondern dass ihre Ehen auf einer gesunden Arbeitsteilung basieren: Beide Partner übernehmen bestimmte Aufgaben und Pflichten; ihre Bereiche überlappen sich nur gelegentlich. Italienisch ausgedrückt, bedeutet dies: *Der Mann ist der Herr im Haus, aber seine Frau gibt die Befehle.* Fast alle Spruchweisheiten über die Ehe meinen diese konventionelle Ausprägung, und aus ihnen allen spricht weniger Begeisterung als achselzuckende Pflichterfüllung. So ist einem französischen Sprichwort zufolge die Ehe eine Lotterie, in der die Männer ihre Freiheit und die Frauen ihr Glück aufs Spiel setzen. In Polen sagt man: »Die Frau weint vor der Hochzeit, der Mann danach«. Viele Gattinnen dürften Katharine Hepburn zustimmen, die warnte: »Wer heiratet, tauscht die Bewunderung von zahlreichen Männern gegen die Kritik eines Einzelnen.«

Ehe und Familie – der sichere Hafen

Warum, so mag man fragen, gibt es diese Eheform mit klassischer Rollenverteilung dann überhaupt noch? So vieles von den Erfahrungen früherer Jahrhunderte haben wir einfach über Bord geworfen. Die Machtverhältnisse zwischen Männern und Frauen haben sich im zwanzigsten Jahrhundert so gründlich verändert, dass sich so mancher Nachfolger Adams zum Spermienlieferanten abgestempelt und gänzlich überflüssig vorkommen muss. Als Frau braucht man heute für seine Emanzipation nicht einmal mehr zu kämpfen; Frau ist heutzutage so selbstverständlich und unbewusst eigenständig, als wäre es nie anders gewesen. Ein Idealzustand, von dem unsere Vorläuferinnen nur träumen konnten. Der gigantische weltweite Erfolg der konventionellen Ehe hat meines Erachtens viel mit der Kindheit zu tun. Von klein auf brauchen Menschen Rahmenbedingungen, innerhalb derer sie sich entfalten und gegen die sie pubertierend rebellieren können, bevor sie sich womöglich doch zur Nachahmung entschließen. Rückblickend gibt es eigentlich nur zwei Arten von Kindheit und Jugend: familiäre Verhältnisse, denen man später um jeden Preis entfliehen möchte, und solche, die man selbst eines Tages aufzubauen hofft. So oder so sind die frühen Erlebnisse ein starker Antrieb: entweder um es selbst anders zu machen, entspannter vielleicht oder weniger frigide und traditionell – oder um für sich selbst zu einer ähnlichen Form des Privatlebens zu finden. Flucht oder Nachahmung: Das sind, grob gesagt, die Möglichkeiten. Letztendlich sucht der erwachsene Mensch aber vor allem Ruhe und Sicherheit, einen geordneten Rahmen, in dem er seine Persönlichkeit entfalten kann. Die *normale* Ehe schafft einen solchen beruhigenden Lebensrahmen in einem stärkeren Maße als alle anderen Ehe- und Beziehungsformen. Sie will eine Basis, keine Anstrengung sein. Denn dies ist eine Verbindung, in der Sicherheitsdenken, Tradition und Zufriedenheit ihre Berechtigung haben und von den Partnern geteilt werden. Nicht jeder will ja das ganz große Glück, die Ekstase und den Liebesrausch; nicht jeder Mensch glaubt, dass ihm diese überhaupt zusteht oder möglich ist. Die konventionelle Ehe ist nicht immer, aber oft eine Verbindung des Verzichts und der Bescheidenheit. Die gegenseitige Abhängigkeit der Partner wird als realistische Disziplinierungsmaßnahme betrachtet, die beide dazu anhält, ihren Teil der Abmachung zu erfüllen. Diese Ehe ist, und das macht sie aus, die Grundlage der meisten Familien. Hier gehören Kinder einfach dazu, sind nicht nur erfreuliche Nebenwirkung von Liebe und Leidenschaft, sondern Ziel an sich. In dieser Ehe wird somit auch alles dafür getan, damit sich der Nachwuchs auch tatsächlich einstellt: Mondstand und Thermometer werden hier konsultiert, Tage gezählt und Fruchtbarkeitszyklen errechnet, Hormonbehandlungen durchgeführt und Adoptionsmöglichkeiten studiert. Denn für das Gleichgewicht und das Selbstverständnis dieser Ehe sind Kinder erforderlich. Bleiben sie aus, wenden sich die Partner nicht selten enttäuscht voneinander ab. Natürlich besteht auch in anderen Eheformen durchaus der Kinderwunsch, aber nirgendwo ist er für die Definition dessen, was eine gute Ehe ausmacht, so wichtig wie hier. Glaubt man den Familienforschern, muss sich der Staat einstweilen keine allzu großen Sorgen machen, dass die konventionelle Ehe, die Keimzelle der Gesellschaft, ausstirbt. Im Gegenteil:

Viele prophezeien ihr eine spektakuläre Renaissance, wobei man nicht weiß, ob der Wunsch Vater dieses Gedankens ist oder die Realität. Immerhin: Der Mannheimer Studie *Jugend. Werte. Zukunft* zufolge gehören die Begriffe *Karriere, Vorsorge und Vernunft* zum maßgeblichen Vokabular der Jugend von heute. »Gesattelt« heißt der *Anglizismus**, der den Lebensstil dieser Neo-Biedermeier beschreit: Wer sich niedergelassen und sein Nest gebaut hat, scheint angekommen. Und ankommen, ob in einer Beziehung, im Beruf oder im eigenen Leben, wollen wir schließlich alle.

Diese Sehnsucht drückt sich auch in den überaus erwachsenen Wohnungseinrichtungen, Gewohnheiten und Wertvorstellungen der heute Dreißig- bis Vierzigjährigen aus. Ausstaffiert mit Bausparvertrag. Ohrensessel, Holzspielzeug und Öko-Lebensmitteln, ist die Familie so schön spießig, dass sie schon wieder *in* ist. Modezeitschriften beschwören regelmäßig das Baby als *wichtigstes Accessoire* der modernen Frau, vorgeführt an den bekannten Model-Müttern. T-Shirts mit der Aufschrift *100% Spießer* verkünden die stolze Zugehörigkeit zum eingeschworenen Clan der Kombi fahrenden Mamis und Papis.

Aber Vorsicht: Diese Ehe ist nicht so entspannt, wie sie tut, Hier sind *Desperate Housewives* am Werk, hier ist der Konkurrenzkampf unerbittlich und die Langeweile gefährlich. Depressionen und Perversionen, Giftmord und verhängnisvolle Affären: alles, was Ehen zu einem Anschlag auf die Gesundheit und das seelische Gleichgewicht macht, ist hier zu finden. Den Kriminalstatistiken zufolge werden Kapitalverbrechen wie grobe Körperverletzungen, Vergewaltigung, Totschlag und Mord vor allem im häuslichen Paar-Bereich begangen. Der gefährlichste Mann ist für eine Frau ihr Ehemann, der umgekehrt von niemandem mehr zu befürchten hat als von seiner besten Seite. Sagen Sie also nicht, es habe Sie niemand gewarnt: Betreten des Vorgartens auf eigene Gefahr!

Und täglich grüßt das Murmeltier

Die Nerven von Teilnehmern einer konventionellen Ehe mit Kindern liegen nicht selten blank! Warum ist das so?

Es hat eine Menge mit Anstrengung und Sorgen zu tun, die auf das Wohl der Sprösslinge, und des Partners gerichtet sind. Ständiger Leistungsdruck den Verwandten und Freunden gegenüber, immer glücklich und souverän zu erscheinen, kostet eine Menge Kraft und Lebensenergie. Studien zufolge beschert schon das erste Kind den Eltern einen Mehraufwand von wenigstens 35 Wochenstunden, von denen die Mutter mindestens 30 in den ersten 2 Jahren übernimmt. Damit kommt nicht nur der jeweilige Partner, sondern auch die Liebe zu kurz. Die intimen Stunden, die eine Familie erst möglich gemacht haben, geraten ins Hinterland. Das schlechte Gewissen und der Wille, das einst so schöne Glück konservieren zu können, werden zu *Sexterminen*. Immer dann, wenn mit einer Störung der Kinder gerade nicht zu rechnen ist. Mit Erotik, sexueller Anziehungskraft und

Ektase hat diese körperliche Ertüchtigung dann nicht mehr viel zu tun. Haushalt und Kinderbetreuung ist in den meisten Ehen immer noch Aufgabe der Frau. Dabei ist es jedoch unwichtig, ob sie nebenbei auch noch einem Beruf nachgeht. So meistern selbst jüngere Frauen den Haushalt meist alleine während der gleiche Prozentsatz der Männer zugibt, in Haushaltsaufgaben völlig außen vor zu sein. Ihre Pflichten bestehen schließlich in verantwortungsvollen Aufgaben wie Getränke schleppen und Autowaschen. Für die Zukunft ist keine Änderung der Gewohnheiten in Sicht. Töchter helfen bereits doppelt so viel im Haushalt mit wie die männlichen Nachkommen. Gegenseitige Zuneigung ist die Basis auch in der konventionell geführten Ehe, allerdings mit dem Unterschied, dass dieses Gefühl von vornherein nicht übersteigert wahrgenommen wird. Dies ist aber auch die Ehe, in der die Partner nach Jahrzehnten Sprüche klopfen wie »An Scheidung habe ich nie gedacht, nur an Mord!« Die normale Ehe mag zwar die Sehnsucht nach gelegentlichen Gefühlsüberschwang ignorieren, aber dafür stillt sie das männliche Bedürfnis nach Stabilität und den weiblichen Wunsch nach Sicherheit. Man könnte auch sagen, beide Partner wissen, dass Kompromisse nötig sein werden, und sehen ihre Beziehung realistisch und nicht übertrieben romantisch. Die klassische Ehe begreift sich selbst ähnlich wie die Demokratie als beste aller schlechten Möglichkeiten und wähnt sich als Ergebnis einer jahrtausendealten Anstrengung von Männern und Frauen. Sie dient schließlich einem höheren Zweck als dem individuellen Glücksstreben der Partner: ihre Begründung liegt in der Geburt und Aufzucht ihrer Kinder, der Stabilisierung der eigenen Person, der erfolgreichen Bewältigung des Alltags. Die *brave* Ehe mit klassischer Rollenverteilung ist auch deshalb die häufigste Form des heutigen Zusammenlebens, weil sie sich in der Praxis am offenkundigsten anbietet. Die meisten Liebesehen, wenn sie nicht schon an der ersten Krise scheitern, gehen früher oder später in dieses *Spießer-Stadium* über, wie überhaupt auf fast jede eheliche Zweisamkeit dieses Etikett zumindest eine Weile lang zutreffen dürfte. Dass sich in diesem Stadium jedoch häufig Langeweile einschleicht, zeigt sich schon daran, dass die meisten Ehe-Ratgeber mit ihrem Apell zur *aktiven Beziehung* werben. Der Alltagstrott, der allem schnell den Glanz

nimmt, setzt dieser Ehe besonders zu, weil er das geheimnisvolle, an dem sich die Liebe entzündet, zunichtemacht.
Träume und Sehnsüchte richten sich nun einmal bei 98 Prozent der Menschen nicht auf das Gewohnte, sondern auf das
Fremde, Neue und Unbekannte. Amerikanische Psychologen haben für den Zustand der rastlosen Zufriedenheit, in
dem der Mensch dennoch nicht verharren mag, bereits einen
Namen gefunden: HES (Happy End-Syndrom): Ihre Patien-
ten haben alles erreicht, was den gängigen Visionen vom
persönlichen Glück entspricht: eine angesehene Karriere,
ein pralles Konto, ein Traumhaus und den perfekten Partner. Doch dann, wenn es scheint als könne man sich höchstens noch um die Bewahrung des Status quo sorgen, fällt es
ihnen schwer, sich an dem Erreichten zu freuen. Wunschlo-
ses Unglück ist die Folge: Die Betroffenen leiden, ohne dass
sie sagen könnten, woran es ihnen eigentlich fehlt. Gewiss:
wer sein Glück nicht sucht, wird krank und verkümmert
seelisch. Wer es aber gefunden hat und keine Träume mehr
hat, wird ebenfalls krank. Es gibt keinen Stillstand im Glück.
Die Erfüllung von Wünschen – sei es nach neuen Schuhen,
einem neuen Job, einer neuen Beziehung – kann sich eben

auch in einen Fluch verwandeln. Kaum hat man das sehnsüchtig Erträumte erreicht, erscheint es einem schon wieder schal und man fragt sich, warum man je so erpicht darauf war. Doch wenn sie gelegentlich tatsächlich Zweifel überkommen sollten, teilen die Anhänger der konventionellen Ehe das ganz sicher niemandem mit. Lieber spielen sie Theater und propagieren die Maxime »Mütter zu Kindern, Väter an die Arbeitsfront«, als dass sie zu erkennen geben, dass ihre Weltanschauung auch sie selbst nicht immer glücklich macht. Und sie haben es gar nicht gern, wenn jemand sie in Frage stellt.

Wenn die Vernunft siegt

Die Liebe zwischen Mann und Frau wurde in Gedichten, Liedern und Erzählungen seit jeher besungen. Doch nur ein Ideal, das in weiter Ferne liegt, kann mit solcher Sehnsucht beschworen werden. Wer der Haltbarkeit seiner eigenen Gefühle und erst recht derer anderer also nicht recht traut, den Bund der Ehe aber nicht missen will, heiratet nicht aus flüchtiger Liebe zum Liebsten, sondern aus solider Liebe zur Macht, zum Geld oder zum Status. Mit anderen Worten: aus purer Vernunft. Andere schreiten im genetischen Dienst der Dynastie zum Traualter, wieder andere, um sich ein Alibi für die heimlich homosexuelle Neigung zu verschaffen. Auch die Kombination aus Kinderwunsch und Torschlusspanik hat schon manche Vernunfthochzeit hervorgebracht. Zweckbündnisse, wie sie über Jahrhunderte für Herrscher und Thronerbinnen, Aristokratie und der gehobenen Kaufmannszunft obligatorisch waren und in vielen Kulturen der Welt in Gestalt von Zwangsehen nach wie vor stattfinden, sind auch in unseren liebestollen Zeiten keineswegs so selten, wie man vermuten könnte. Allerdings werden die Pläne dazu kaum mehr von Eltern und Verwandtschaft geschmiedet, sondern in aller Regel sind es die Beteiligten selbst, die sich dazu entschließen. Wie beim Sex herrscht auch bei der Vernunftehe eindeutig Damenwahl, auch wenn man es oft nicht glauben will. Evolutionsbiologisch betrachtet, sind die *Herren der Schöpfung* nämlich aufgrund ihrer Hirnstruktur nicht immer in der Lage das Weibchen zu finden, mit welchem sich in Frieden leben ließe, denn über den Anblick wohlgeformter Beine oder Brüste verlieren sie bisweilen ihre Position und Aufgabe vorübergehend vollständig aus dem Blick, was schon so mancher Minister beim öffentlichen Planschbad mit seiner Gespielin eindrucksvoll bewiesen hat. Frauen dagegen sind in ihrer Hirnausnutzung und damit auch in ihrem Wesen ganzheitlicher, ausgewogener und damit auch friedfertiger. Sie erfassen das Gegenüber in all seinen Facetten. Sie schätzen seine Schwächen und Stärken ein. Fällt das Resümee bezüglich des Kandidaten günstig aus, erfolgt die Eroberung mit sanfter Hand. Wenn der Mann denkt, wie die

Frau ihn lenkt, ist die Annäherung erfolgreich abgeschlossen. Gerade im zwischenmenschlichen Bereich zeigt sich der Triumph der weiblichen Vernunft über die männliche Logik. Spricht uns sogar die Hirnforschung neuerdings den freien Willen ab. Dass Frauen wissen, wie beruhigend eine stabile Bindung bei eigener begrenzter Vermögenslage sein kann, beweisen sie trotz Einführung der allgemeinen Liebesehen-Pflicht immer wieder auf subtile Weise. Grundsätzlich ist es nämlich angenehm, den in jeder Ehe irgendwann einmal leise oder laut ausgestoßenen Seufzer »Warum habe ich dich bloß geheiratet« leicht beantworten zu können. So kann es helfen, wenn die Antwort nicht nur lautet: schlaflose Nächte, drei Kinder, zehn Pfund und viele Sorgenfalten, sondern wenn man dabei lächelnd auf ein arbeitsfreies Leben mit Haus, Auto, Hund und Pool schielen kann.

Öde, heile Welt

Viele betrachten die Liebe als einen Anfall, von dem man erst durch die Heirat geheilt wird: Bei diesem beiderseits angestrebten Disziplinierungsverfahren schwingt allerdings immer die Hoffnung mit, dass die hormonelle Ernüchterung in gestärkter Bettwäsche, flauschig duftigen Badetüchern, am gedeckten Tisch und in der vertrauten, stärkenden Gegenwart des Partners in eine Art Dauerwohlbefinden übergeht. Leidenschaft als Aufruhr bis zur totalen Verausgabung von Kopf, Herz und Seele ist anstrengend und insofern im Alltag eher störend. Das wissen die Partner in der normalen Ehe ganz genau, und so haben sie einen Pakt geschlossen: man bemüht sich, einander das Leben so angenehm wie möglich zu machen, indem man sich umfassend aus dem Weg geht. Jeder hat hier seine eigenen Erlebniswelten: der Mann den Beruf, eine Passion für den Feierabend wie Fußball oder Kneipentreffen mit Gleichgesinnten und vielleicht noch ein Hobby (wer es sich leisten kann: Golf), Angeln oder den Garten. Die Frau kümmert sich in dieser Zeit um die Kinder, putzt das Haus oder die geräumige Wohnung, hält einen guten Draht zur Schwiegermutter, drillt die Putzfrau, so vorhanden, geht walken, danach die fröhlich, beschwingte Prosecco-Runde mit den Nachbarsdamen, und überlegt, was abends auf den Tisch kommt. Das Ganze ähnelt sehr dem Schnittmuster, welches schon die eigene Mutter verwendet hat. Keiner von Beiden käme auf die Idee, sich über diese Ordnung zu beklagen. Schließlich war die Erwägung, ob der- oder diejenige einen guten Vater und Familienversorger oder eine liebevolle Mutter abgeben würde. Was neben der Wahl des Ehepartners mindestens so wichtig ist wie gegenseitige Anziehungskraft. In dieser Ehe trifft man sich morgens und abends, am Wochenende bereits mittags, wobei die Partner nur selten miteinander allein sind. Die normale Ehe lebt von und für Rituale: So ist das tägliche gemeinsame Frühstück und Abendessen in der Familie sowohl eine pädagogisch wirksame Stärkung des Zusammengehörigkeitsgefühls wie auch eine sinnvolle Maßregelung des individuellen Freiheitsbedürfnisses. Ein genauer Zeitplan und ein festes Gerüst sind nicht erst in Zeiten unablässigen Wandels wichtig geworden, aber heute womöglich hilfreicher denn je. Denn die patriarchalischen Stützmauern sind in den vergangenen fünfzig Jahren zwar nicht ganz eingerissen, doch mächtig wackelig geworden – eine Veränderung, die auch an der normalen Ehe nicht spurlos vorbeigegangen ist. Heute wird diese Art der Ehe von denen, die sie fahren, ganz bewusst eingegangen und durchaus reflektiert. Wo die Menschen früher vor lauter Arbeit in der Regel gar nicht dazu kamen, über das Für und Wider ihrer Lebensumstände nachzudenken, ist der Denkprozess inzwischen schon am Joghurtregal gefragt. Wer die Wahl hat zwischen knapp dreißig verschiedenen Marken, Fettgehaltsstufen und Sorten, trifft mit seiner Entscheidung auch eine Aussage: was ist wichtiger, Geschmack oder Gesundheit? Überwiegt die Neugier auf Neues oder bleibt man bei dem, was sich einmal bewährt hat? So ähnlich wie am Joghurtregal ist es auch mit den verschiedenen Formen des Zusammenlebens: das weiß niemand besser als die Teilnehmer am konventionellen Ehemodell. Obwohl sie sich der Überlegenheit des eigenen Urteils trotzig gewiss sind, beobachten sie mit Argusaugen die Anderen – und wehe, sie entscheiden sich statt für Joghurt für

Kefir oder Buttermilch! Das können dann die Konventiona-
listen nicht verstehen. Ihr System ist das Beste, und daher
sollte es möglichst jeder befolgen. Als guter Bürger, zu seinem eigenen Besten und natürlich zum Wohl der Wunsch-
kinder.

Das liebe Geld

Wer sich entscheidet, Kinder in die Welt zu setzen, sei es als Folge von inniger Zweisamkeit in einer partnerschaftlichen Verbindung oder ordentlich nach der Trauung, sollte sich auch damit abfinden, dass damit auch ein enormer finanzieller Aufwand zu erwarten ist. Freunde mit fünf Kindern können anschaulich beschreiben, dass sie in Hotels und Restaurants begafft werden wie Außerirdische. Das ungläubige Staunen über die Kinderschar weicht aber auch oft einem mitleidigen Blick, als könne es sich bei derart zahlreichem Nachwuchs nur um einen Unfall und keineswegs um pure Absicht handeln. Wer mutet sich und seiner Bank denn heute noch fünf Kinder zu? Die konventionelle Ehe hat für Frauen einen gewaltigen Vorteil, der gleichzeitig einen enormen Nachteil darstellt: weil der Mann das Geld verdient, ist sie einerseits in der glücklichen Lage, nicht auch noch neben den Mutterpflichten dem Erwerbsstress ausgesetzt zu sein. Andererseits ist sie dadurch meist komplett finanziell vom Mann abhängig, weil sie kein eigenes Einkommen hat. Nun ist aber jeder zweite Mann der Meinung, seine Frau leide unter Verschwendungssucht. Dagegen hält die Meinung jeder vierten Frau, dass ihr Mann sich wie ein finanzieller Gernegroß verhält. Solange beide Eheleute ihr eigenes Geld haben und nicht bei jeder Ausgabe erst der Familienrat zusammengetrommelt werden muss, herrscht immerhin ein Quäntchen an Freiheit und Unabhängigkeit. Wenn das ohnehin knapp bemessene Haushaltsgeld aber auch noch für das ein oder andere harmlose Privatvergnügen wie ein neues Kleid oder eine kosmetische Behandlung reichen muss, wird es für die meisten Frauen schwierig: es ist demütigend, sich für jede Ausgabe rechtfertigen zu müssen. Männer dagegen fühlen sich meistens ganz wohl in der Rolle des Versorgers, weil sie ihnen zumindest in einer Hinsicht unangefochtene Herrschaft suggeriert: wer zahlt, schafft bekanntlich an. Neuerdings machen ihnen Wissenschaftler jedoch einen Strich durch die Rechnung: die ökonomische Abhängigkeit innerhalb der konventionellen Ehen, in denen ein Partner, meistens der Mann, sich ganz dem Beruf widmet, während der andere Partner, in der Regel die Frau, sich um die Familie kümmert, besitzt heute keine Relevanz mehr. Die Abhängigkeit des Partners vom anderen macht diese Ehe nicht stabiler als jene, in denen beide ihrem Beruf nachgehen und keine Kinder haben. Das liegt an den veränderten Vorzeichen der normalen Ehe, die nicht mehr unbedingt lebenslänglich mit traditioneller Rollenverteilung geführt wird, sondern nur, bis die Kinder groß sind. Danach haben viele der Mütter und Hausfrauen den dringenden Wunsch, in den Beruf zurückzukehren, und sind enttäuscht, wenn der Arbeitsmarkt ihnen dazu wenige Chancen bietet. Die Enttäuschung über diese Tatsache, lastet vor allem auf jenem Partner, der sich freiwillig oder aus gegebenen Umständen für die Hausarbeit entschieden hat. Meist zieht dieser sich daraufhin zurück oder sucht anderweitig nach Aufmunterung und Verständnis und das oftmals in den Armen eines anderen Mannes.

Doch selbst wenn die Frau wieder arbeitet, geht dies unter Umständen zu Lasten des Mannes. Forscher haben herausgefunden, dass zwar die Wahrscheinlichkeit von Ehekrisen proportional mit dem steigenden Gehalt der Frau sinkt, diese Krisen jedoch dann, wenn sie auftauchen, fast immer zur Scheidung führen. Die Erklärung? Es fehle die gemeinsame Zeit zur Problembewältigung – vor allem aber sei die Frau, die ihr eigenes Geld verdient auf den Mann als Ernährer nicht mehr angewiesen und trenne sich somit viel einfacher. Dass materielle Abhängigkeit die Partner eher auseinander als zusammentreibt, hat sich herumgesprochen. Zwar begünstigen gesicherte finanzielle Verhältnisse den Eheverlauf grundsätzlich, doch hat die Institution Ehe ihre Funktion als wirtschaftliche Notgemeinschaft weitgehend verloren. Eine Tatsache, der auch das neue Unterhaltsrecht Rechnung tragen soll. Es sieht vor, dass im Fall einer Scheidung vor allem für die Kinder Unterhalt gezahlt werden soll und weniger für den gleichbleibenden Lebensstandard der geschiedenen Mutter. Damit könnte vielen die Lust auf Scheidung gründlich vergehen.

Macht die Ehe krank?

Wie viele Frauen, die an der Unfähigkeit verzweifeln, ihr Selbstbild und das Hausfrauendasein harmonisch miteinander in Einklang zu bringen, verrät die Depressionswelle, die seit einigen Jahren durch die westlichen Kulturen schwappt und immer häufiger junge Frauen befällt, die um die vierzig sind: Es sind die Frauen, die eine klassische, konventionelle Ehe führen, Kinder großziehen, oft auch einen Beruf und täglich finanzielle Sorgen mit sich rumtragen. Über diese Depression wird vor allem von Männern nicht gern geredet, die im Zweifelsfalle sowieso glauben, dass ihre Frauen einfach nicht ausgelastet sind mit ihrem bisschen Haushalt. Ich selbst musste mir sagen lassen: »Das würde ich locker schaffen und dabei noch eine Runde Golf spielen gehen…« Doch gerade die Mütter, die immerzu alles geben, fühlen sich oftmals irgendwann wie entleert. Die emotionalen Energien sind erschöpft und werden nicht neu aufgeladen. Das führt zu Symptomen wie Reizbarkeit, Frustration, Unsicherheit,

Selbstzweifel und schließlich mitten in eine handfeste Depression. Dass wir es dabei nicht mit einer kollektiven Zivilisationsneurose zu tun haben, wie manche schimpfen, beweisen schon die Zahlen. Allein in Deutschland sollen rund vier Millionen Menschen an einer behandlungsbedürftigen Niedergeschlagenheit leiden, darunter mehr Frauen als Männer. Wissenschaftlern zufolge erkrankt etwa ein Fünftel der Bevölkerung im Laufe des Lebens mindestens einmal an dieser krankhaften Traurigkeit. Der *WHO** zufolge wird Depression neben Herz- und Gefäßleiden schon 2020 die häufigste Diagnose bei Ärzten werden. Erkrankte Menschen fühlen sich als Versager, weil sie den Erwartungen ihrer Umwelt nicht mehr entsprechen. Obwohl die Depression auf dem Weg ist, sich zur Volkskrankheit zu entwickeln, ist kaum ein anderes Leiden von einem so dichten Gespinst aus Tabus und Halbwahrheiten umgeben. Denn noch immer herrscht die Ansicht, die abgrundtiefe, oft im Wortsinn tatsächliche Todtraurigkeit, sei ein Zeichen der Überforderung, eine Verweigerung als Reaktion auf schwierige Lebensumstände. Gerade wenn eine Mutter oder eine Ehefrau daran erkrankt, wird die Depression als Kritik an der Umwelt wahrgenommen. Oft reagiert die Betroffene daraufhin mit Unverständnis, wenn nicht sogar Aggression. Häufig wird die Schwere der Depression geleugnet; Mutlosigkeit und Niedergeschlagenheit hat jeder einmal, heißt es dann. Sprüche wie »Nun reiß Dich doch mal zusammen!« machen die Situation noch schlimmer. Wenn den Depressiven die Krankenrolle nicht zugestanden wird, fühlen sie sich erst recht als Versager des Alltags. Schuldgefühle kennt jede berufstätige Mutter. Frauen fühlen sich meistens zu jeder Zeit als schlechte Mütter, wenn sie ihre Kinder nicht den ganzen Tag selbst betreuen. Ihre Abwesenheit, so heißt es in kinderpsychologischen Fachkreisen, könne beim Kind Fehlentwicklungen und Persönlichkeitsstörungen verursachen. Der Mythos, dass eine gute Mutter rund um die Uhr zu ihrem Kind gehöre, schüchtert Frauen ein und beordert sie, vor allem, wenn Arbeitsplätze knapp werden, zurück an den Herd. Dieser Mutter-Mythos mag zwar schrumpfen, aber er hat sich keineswegs aufgelöst. Dabei haben Psychologen längst Entwarnung gegeben: Kinder brauchen in erster Linie zufriedene, glückliche Mütter. Fazit: Glückliche Mütter sind

Frauen mit eigenen Interessen. Junge Menschen benötigen Bezugspersonen, den Kontakt zu anderen Kindern und vor allem ihren eigenen Freiraum. Was lernen wir daraus? Kinder berufstätiger Mütter sind selbstbewusster, selbstständiger und verantwortungsvoller als Kinder vom *Heimchen am Herd*.

Vom Prinzen zum Frosch

Schon während ich verheiratet war, habe ich mich immer wieder gefragt, ob dieses staatliche und oftmals auch kirchliche Bündnis, also die Ehe selbst, an ihrem steten Niedergang schuld ist. Liegt es an unseren Erwartungen an diese Institution oder an unserem Verhalten in der Liebe? Und wenn die Antwort lautet: an Beidem! Dann müssten wir doch beides einfach ändern können, oder? Nachdem man akzeptiert hat, dass es in jeder Beziehung mal bergauf und mal bergab geht, erscheint die Ehe als Geländer, an dem man sich festhalten kann, um nicht zu fallen. Die Liebe macht uns glauben, dass wir nicht auf unsere Füße achten müssen, weil die ganz von allein immer den Weg zum anderen einschlagen. Zusammengenommen können diese Fehleinschätzungen zu einem bösen und äußerst schmerzhaften Sturz führen. Während die Ehe traditionell auf Dauer, wenn nicht gar für die Ewigkeit angelegt ist, steht die Verliebtheit auf der Seite alles Vergänglichen. Ihre Ewigkeit lässt sich nicht garantieren, wie sehr man sie auch beschwören, versprechen und beabsichtigen mag. Das Fundament der Liebesbeziehung zerbricht daher oft leichter als die auf Vernunft, Pflicht und auf Interessen basierenden Ehen. Da niemand anderes als die Eheleute selbst sich füreinander entschieden haben, tragen die Beteiligten allein die Verantwortung für Dauer, Entwicklung und leider auch das Ende ihrer Liebe. Man entscheidet sich für die Heirat, weil man in dieser glücklichen Lebensphase den Partner über alle Maßen liebt oder zu lieben glaubt. So stellt es sich im gefühlten Inneren dar, und so nimmt es die Außenwelt ohnehin als selbstverständlich war. Wissenschaftler wissen jedoch inzwischen, dass der Auslöser für die Verliebtheit lediglich der Eindruck ist, dass man selbst von der anderen Person begehrt wird. Denn nicht zuletzt lieben wir die Idealvorstellung die der andere von *uns* hat. Wir lieben die Art und Weise, wie wir geliebt werden und lieben deshalb zurück. Es stellt sich dar, wie ein Pingpong Spiel, das so lange funktioniert, wie beide Seiten sich den Ball der Liebe zuwerfen. So scheint dann eines Tages eine Hochzeit als letzte noch mögliche Steigerung zur Konservierung dieses großartigen

Hochgefühls. Der Antrag selbst ist sozusagen der Beginn einer Probezeit für ein Beziehungsverhältnis auf Lebenszeit. Mögen sich die Gefühle im Laufe der Hochzeitsvorbereitungen sogar noch steigern, da wir uns hier in der Zielgeraden befinden, die uns nach dem *großen Tag* ein Leben voller erwarteter Träume verheißt. Jeder mag bei dieser Entscheidung, eine Ehe einzugehen, seine Gründe haben. Ist die Hochzeitsnacht vorbei, das Kleid in die Reinigung gebracht, kehrt der Alltag ein, so, als wäre nichts geschehen. Für die meisten Männer suggeriert der ruhige Hafen der Ehe den Anschein von Sicherheit und Zufriedenheit. Sie sind sich jetzt ihres täglichen *Abend*brotes und der Betreuung ihres Nachwuchses sicher. Frauen sehen oft in dieser festen und sakralen Verbindung immer noch einen erhöhten Status in der Gesellschaft und müssen sich nicht mehr vor dem Satz fürchten »Die hat keinen abgekriegt!« Doch irgendwann schleicht sich langsam die Einsicht heran, dass bei Märchen nach der Hochzeit die Geschichte komischerweise immer endet. In irgendeiner Zeit nach dem »großen Tag« scheint die einst große Liebe keinen Nährboden mehr zu haben, auf dem sie wachsen kann. Es ist wie die Ebbe, die das Meer wegnimmt. So ziehen sich nach der Hochzeit die Hormone, die einst lebenslange Liebe versprochen hatten, still und heimlich zurück. Niemand gibt schließlich gern zu, dass es sich bei seiner strahlend verkündeten *großen Liebe* lediglich um eine besonders explosive biochemische Verbindung gehandelt hat. Gefühl ist in, Vernunft ist out. Zumal die Ehe in Zeiten wie diesen mehr denn je zu einem wichtigen Bestandteil des persönlichen Erfolgs geworden ist. Denn in Liebesbeziehungen, die heutzutage als wesentliche Merkmale für Selbstverwirklichung und Individualität gelten, stellen dauerhaft gelungene Verbindungen eine Leistung an sich dar. Nach wie vor wird Junggesellen in exponierten Positionen oder im diplomatischen Dienst nahegelegt, zu heiraten. Allerdings ist der Hauptgrund nicht mehr der, wie zu Kants Zeiten seine Triebe unauffällig und legal auszuleben. Paare, die heiraten, signalisieren damit vielmehr die Bereitschaft, sich festzulegen und auch dann durchzuhalten, wenn es einmal schwierig wird – Tugenden, die in Zeiten des Überangebots immer schwerer fallen und daher besonders lobenswert erscheinen. Wenn Leidenschaft den Charakter verweichlicht, stählt die Ehe ihn wieder. Einem Manager, der sich wegen einer Jüngeren nach zehn Jahren Ehe von seiner Frau scheiden lässt, wird der bereits versprochene Posten in der Geschäftsführung unter fadenscheinigen Gründen wieder entzogen, während der junge Kollege, der seine langjährige Freundin heiratet, befördert wird. Der Mut zur Ehe weckt Vertrauen und signalisiert, dass man sein eigenes Wohl von einem anderen abhängig macht: Nicht nur Arbeitgeber und Regierende finden das gut.

Beim nächsten Mal wird alles anders

Hat man das große Glück, nach einer gestrandeten Ehe in einen neuen Hafen zu schippern, beflügelt einen die Zuversicht auf einen weiteren Anlauf in das Liebesglück. Zweitehen sind bei beiden Geschlechtern vor allem deshalb so beliebt, weil sie die Chance verheißen, beim nächsten Mal alles besser zu machen. Sie sind ein Weg, sich selbst neu zu erfinden. Das ist nach so mancher gescheiterten Ehe auch dringend nötig. In jeder Ehe bekommen die Partner gewisse Rollen zugewiesen, ob sie nun wollen oder nicht. Sie ergeben sich im alltäglichen Miteinander. Der eine ist der Starke, der andere der Schwächere, der eine ist der Genaue, der andere der Chaot, der eine sparsam der andere verschwenderisch, der eine liebt mehr, der andere weniger. Ausgesprochen werden diese Unterschiede fast nie, aber dennoch immer gefühlt und gelebt. Die meisten Paare empfinden sich auch in der zweiten Runde irgendwann als eingespieltes Team wieder. Daher auch der altbekannte Spruch: »wie ein altes Ehepaar«. Doch nicht jedem der beiden Akteure gefällt seine Rolle. Aber da nichts sich schneller einbürgert als Gewohnheiten und alltägliche Rituale, gelingt der Ausbruch aus der einmal zugewiesenen und angenommenen Rolle oft nur durch *Ausbrechen* und bringt so die ganze Beziehung bedrohlich aus dem Gleichgewicht. Denn heutzutage, wo schon kleinere Auseinandersetzungen dazu führen können, dass die Verbindung in Frage gestellt wird, kann eine dauernd wiederkehrende Meinungsverschiedenheit den Gang zum Scheidungsrichter nach sich ziehen. So haben Forscher herausgefunden, dass jeder dritte Ehekrach mit einer Diskussion über notorische Unpünktlichkeit beginnt, der sich dann nicht selten auf das gesamte Zusammenleben ausweitet. Umso erleichterter sind viele, wenn sie mit einem neuen Partner endlich die Rolle wechseln können. Alles zurück auf null, quasi ein neues weißes Blatt, dass beschrieben werden will, lautet die Devise. Wer vorher der Mahner und Antreiber war, will jetzt den Gelassenen spielen. Der Naive macht auf weltgewandt; der Fremdgeher schwört ewige Treue. Der Workaholic will dem Privatleben künftig mehr Platz einräumen. Die Liste der guten Vorsätze beim zweiten Mal ist lang. Manche leisten beim zweiten Anlauf dem ersten Partner sogar im Stillen

Abbitte: auch wenn es diesem nichts mehr hilft, wenn sie nun plötzlich treu, aufmerksam und hilfsbereit sind. Doch es ist eine Art von Selbstbestätigung und Befriedigung, sich selbst zu beweisen, dass man sich ändern kann. Die Motive bei der Wiederheirat sind ebenso zahlreich wie bei der ersten Ehe – nur, dass sich jetzt ins Gegenteil verkehren. Wer zuvor aus rasender Liebe und Leidenschaft zum Traualtar gestürmt ist, wird nun auf eine ausgewogene Mischung von Verstand und Gefühl achten. Wer eine reine Zweckverbindung eingegangen war, wird sich danach sehnen, den Partner zur Abwechslung auch zu mögen. Wer in der ersten Ehe sozial nach oben heiratete, wird in der zweiten vielleicht jemanden suchen, mit dem er sich auf Augenhöhe weiß. Wer sich zuvor mit dem Gatten nichts zu sagen hatte, wird sich nach einem Partner umschauen, mit dem er sich austauschen kann.

Die zweite Ehe wird aber nicht nur als Chance zum Ausgleich, sondern auch als Möglichkeit zur Steigerung, sowie zur *Optimierung* des bislang Erreichten wahrgenommen. Die Ehefrauen verjüngen sich von Mal zu Mal, während das Konto der Ehemänner eher an- als abschwillt. Grundsätzlich gilt: Keiner von Beiden möchte das Gefühl haben, im zweiten Anlauf Zweitklassiges abbekommen zu haben. Bedürfnisse, zuvor vielleicht lediglich als diffuser Wunsch wahrgenommen, werden dafür plötzlich umso klarer formuliert. Insgesamt wird bei der zweiten Ehe stärker auf die gegenseitige Anziehungskraft geachtet, vor allem von den Frauen, die sonst eher dazu neigen, das Körperliche getrost zu unterschätzen, weil Männer es ja bekanntlich überschätzen. Wer zuvor eine langweilige Vernunft- und Versorgungsehe geführt hatte, möchte der *langweiligen* Stimmung naturgemäß auf die Sprünge helfen. Erst wenn man schon in der Ehe steckt, begreift mancher die Wahrheit des alten Grundsatzes: Solange der Sex gut funktioniert, ist er überhaupt nicht wichtig, aber wenn er nicht funktioniert, hängt plötzlich das Schicksal der gesamten Beziehung davon ab. Manchmal besteht die Verbesserung der Ehesituation aber auch nicht in einem gewissen Mehr, sondern in einem präzisen Weniger von etwas, wie folgende Meldung eindrucksvoll belegt: »In Jemen hat ein Mann nach fünfzehn Jahren Ehe seine streitlustige Frau verlassen und eine Taubstumme geheiratet. Der vierzig Jahre alte Mann aus der Provinz Dhamar sagte, er habe das Geschrei seiner Frau nicht mehr ertragen. Deshalb habe er sich verlassen und eine sanftmütige Frau geheiratet, die zudem weder sprechen noch hören konnte.«

Natürlich sind auch die *Wiederholer* nicht alle gleich. Man muss vor allem zwischen zwei Arten von diesen Ex-Partnern in der zweiten Runde unterscheiden. Solche, die sich einmal scheiden lassen, erneut heiraten und es beim zweiten Mal tatsächlich besser machen oder jene, die sich immer wieder trennen und von vorne beginnen. Naturgemäß dauert es eine Weile, bis sich herausstellt, wer zur welcher Schlag Mensch gehört. Zur ersten Gruppe zählen jene, die sich bei der ersten Ehe tatsächlich geirrt und ihre Fehler eingesehen haben. Sie nutzen nun die zweite Ehe dazu, es besser zu machen. Oft sind dies Menschen, die besonders früh und aufgrund bestimmter Lebensumstände geheiratet haben. Der Grund mag eine ungewollte Schwangerschaft gewesen sein oder weil sie beim *Ja* sagen nicht genau auf ihren Verstand gehört haben. Dieses ist die kluge und potentiell erfolgsträchtige Variante der zweiten Ehe. Hier wird mit der bewussten Wiederholung eine ehrliche Vertiefung der neuen Beziehung angestrebt – und oft tatsächlich erreicht.

Denn nun hat man die Möglichkeit, sich bewusst einen Partner zu suchen, bei dem starke und vor allem gemeinsame Interessen und Leidenschaften zusammenkommen. Diese Zweitverbindungen erscheinen dann geradezu ideal. Wenn ein solcher Mensch erneut heiratet, hat er mit ziemlicher Sicherheit begriffen, dass er seinen Teil zum Gelingen der Ehe wird beitragen müssen. Weil er nun nicht mehr alles dem anderen überlassen kann und will. Diese Einsicht und erst recht ihre praktische Umsetzung werden dann auch durchaus belohnt: In der zweiten Ehe bekommt man nochmal die Chance, erfolgreich frühere Fehler aus alten Verbindungen wettmachen zu können. Dass dies auch funktioniert, haben schon viele Paare bewiesen. Nicht unbedingt weitverbreitet, aber auf jeden Fall präsenter ist jedoch die andere Form der zweiten Ehe: Menschen, die immer wieder heiraten. Dieses Phänomen lässt sich vor allem unter stark beanspruchten darstellenden Künsten wie Politikern und Schauspielern beobachten. Die meisten Frauen sind misstrauisch, wenn ihnen ein Mann Avancen macht, der schon drei- oder viermal verheiratet war. Das Hauptmotiv für jene, die es geradezu reflexhaft immer wieder mit der Ehe probieren, scheint die Angst vor dem Alleinsein zu sein. Eine auffällige Charaktereigenschaft dieser Serientäter ist, neben ihrem Leiden an der Einsamkeit, eine gewisse und vielleicht unbewusste Unsicherheit, die dazu beiträgt, dass sie besonders auf die Bestätigung angewiesen sind, die eine Liebesbeziehung verheißt. Ohne Partner fehlt ihnen ein wichtiger Teil ihres Selbstbildes. Das Sicherheitsnetz, das sie zur Not auffangen kann und ihre tägliche Bestätigung, dass sie begehrenswert und liebenswürdig sind. Es sind Männer und Frauen mit einer übergroßen demonstrativen, doch eher schwach ausgebildeten inneren Persönlichkeit, die nie gelernt haben, allein zurechtzukommen, sondern die für ihre Ausgeglichenheit im Alltag von der emotionalen Bestärkung durch einen Partner nahezu abhängig sind. Die Frage, warum oft Politiker zu diesen liebenden, seriellen Ehemännern werden, mag an dieser Stelle jeder für sich beantworten.

Der Unterscheid zwischen diesen *Do it again* Hochzeitern und den seriösen Zweiteheleuten mag wohl darin bestehen, dass die Ersteren den Glauben an die *große Liebe* noch nicht verloren haben, währenddessen die Stammgäste des Standesamtes, allein aus der Angst vor dem Alleinsein, immer wieder eine feste Bindung mit Brief und Siegel anstreben. Ein Blick nach Hollywood oder in die Bundesregierung genügt, um festzustellen, dass Menschen, die sich mehrmals im Leben für die Ehe entscheiden, es bis heute nicht leicht haben. Viele von Ihnen erleben statt des ersehnten Dauerglücks den Jo-Jo-Effekt der romantischen Evolution: verliebt, verheiratet, geschieden. Unterbrochen von kurzen Intervallen als Single, binden sie sich immer wieder fürs Leben – oder jedenfalls bis zum nächsten Mal. Erstaunlicherweise führt auch mehrmaliger Schiffbruch bei vielen nicht zu grundsätzlichen Zweifeln an der Ehe. Dieser Idealismus hat etwas geradezu Rührendes, wäre es nicht so oft einfach nur eine Folge von Bequemlichkeit, Egoismus und Einfallslosigkeit. Es stellt sich immer wieder die Frage: kann man denen trauen, die immer wieder »ja« sagen? Sie trauen sich auf jeden Fall selbst – und der Erfolg scheint ihnen zunächst Recht zu geben. Viele Zweitehen scheinen erst einmal besser zu funktionieren, weil die Partner schlicht reifer sind als beim ersten Mal und realistischere Erwartungen haben. Dieser gute Wille lässt sich auch statistisch belegen: trotz allgemein sinkender Hochzeitsraten ist die Anzahl von Eheschließungen mit mindestens einem geschiedenen Partner seit Jahren konstant. Das verdankt sich vor allem den Männern, die mit ihrem beherzten Einsatz immer wieder den alten Spruch bestätigen: *Männer heiraten aus Mangel an Erfahrung. Lassen sich scheiden aus Mangel an Geduld – und heiraten wieder, weil ihr Gedächtnis versagt.*

Es gibt einige Gründe, weswegen Männer nach einer gescheiterten Ehe rasch den zweiten Anlauf wagen. Zum einen: wie in jedem Abschnitt der verschiedenen Ehevarianten muss man auch hier immer im Hinterkopf behalten, dass es Menschen gibt, die heiraten, und solche, die geheiratet werden. Erstere sind nicht immer die Männer und Letztere nicht immer Frauen. In fast allen Fällen geht die Initiative zum Ehewunsch jedoch vor allem von einem der beiden Partner aus; der andere willigt freudig ein, lässt es mit sich geschehen oder bringt es schlicht nicht übers Herz, nein zu sagen. Grob gefasst kann man sagen: Männer sind eher diejenigen, die heiraten (oder die es jedenfalls glauben), sich aber danach leichter von außerehelichen Zerstreuungen beeindrucken lassen, währenddessen es sich bei Frauen meist um diejenigen handelt, die der Ehe zustimmen, dafür aber später bei der Scheidung den aktiven Part übernehmen. Das bestätigen auch die Forscher: Die überwiegende Mehrheit der Scheidungsklagen wird von den Ehefrauen eingereicht. Insofern mag der verstärkte männliche Drang zu einer neuen Ehe auch damit zu tun haben, dass die Herren wieder die Kontrolle übernehmen wollen, nachdem sie die Scheidung über sich ergehen lassen mussten. Außerdem scheinen Männer oft stärker angewiesen auf das Wunschbild, das sich in den verliebten Augen einer Frau spiegelt. Das liegt nicht nur daran, dass es vielen von ihnen nach einer emotionalen Niederlage wichtiger ist, die Jugendlichkeit ihrer Libido als ihres Geistes unter Beweis zu stellen. Wo die Umwelt auf einem herumhackt, der Job anstrengend ist und die Eltern kritisch, verheißt eine Frau Pause und Ablenkung von der bösen, bösen Welt. Sie sagt dem zuletzt so bitter verkannten Mann, wie großartig er tatsächlich ist, was er alles kann und was er braucht – vor allem natürlich sie. Dieses Szenario von Balsam auf wunden Seelen spielt sich nicht ausschließlich in der männlichen Phantasie ab, sondern wird oft auch in jenen Beziehungen nachgestellt, in denen sich Männer wesentlich jüngeren Frauen zuwenden, die aufgrund ihres geringen Maßes an Lebenserfahrung, Wissen und beruflichem Erfolg voller Stolz zu ihnen aufsehen. Von männlicher Seite her werden viele Folgeehen aber nicht zuletzt auch aus einem diffusen Gefühl der Verpflichtung heraus angestrebt oder, brutaler gesagt, aus Gewohnheit und Opportunismus. Männer lieben gewissermaßen auf die Ehe zu, deren Beurkundung ja auch ein Ende des anstrengenden Werbungsstresses verheißt. Dass Männer sich in der Ehe wohl fühlen erkennt man häufig schon an ihrer Figur: Während Junggesellen und Geschiedene meist schlank sind oder abnehmen, setzen Verheiratete gern Speck an. Unter den zwanghaft sich wiederholenden Serientätern lassen sich aber auch zwei grundverschiedene Persönlichkeiten ausmachen. Die einen, die immer wieder heiraten, sind über alle Maßen anpassungsfähig. Man könnte auch sagen: Sie verleugnen sich selbst. In ihrer Sucht danach, geliebt zu werden und anderen zu gefallen, passen sie sich jedem neuen Partner fast wie ein Chamäleon an und versuchen somit, den Wünschen des neuen Partners genau zu entsprechen. Meistens sind es die Frauen, die zumal im Anfangsstadium alle eigenen Meinungen, Eigenschaften, kurz: ihre Persönlichkeit, unterdrücken. Bei dem Bemühen um Verschmelzung geben sie ihr *Ich* auf. Sie versuchen, ihrem neuen Partner jeden Wunsch von den Augen abzulesen, lassen dadurch aber zu, dass dieser all seine Sehnsüchte ungebremst auf sie projiziert. Das rächt sich, wenn sich mit der Verliebtheit auch die Bereitschaft legt, ihm allabendlich die Schultern zu massieren und eigene Bedürfnisse zurückzustellen. Der Partner steht dem unvermittelten Protest und der als radikal empfundenen Veränderung dann so hilflos wie erstaunt gegenüber. Die schlechte Laune lässt nicht lange auf sich warten. Nach der übertriebenen Harmonie häufen sich nun oft die Streitpunkte und es dauert nicht lange, da muss der nächste Kandidat her. Diesem Typ Chamäleon der Liebe steht jener Typ Egoist gegenüber, der nicht bereit ist, sich anzupassen oder zugunsten des Partners zu verändern. Vor allem die Narzissten unter den Männern wünschen sich, in ihrer Einmaligkeit geschätzt und bewundert zu werden – eine Aufgabe, der sich mit Schmetterlingen im Bauch besser nachkommen lässt als nach jahrelangem zähem Alltag. Wo die einen von ungesunder Unsicherheit getrieben werden, strahlen diese Exemplare unerschütterliches Selbstbewusstsein aus. Wenn der Partner es wagt, Kritik zu üben, sind sie unfähig, positiv und konstruktiv damit umzugehen. Lieber suchen sie sich eine neue Bewunderin, von der sie dann triumphierend behaupten können: »sie liebt mich so, wie ich bin!« Zwar trennen sich Menschen, die rasch zur Trauung schritten, eher als solche, die zuvor bereits viele Jahre lang ein Paar waren, aber vor der Erwartung, dass sich mit der Ehe in der Beziehung etwas ändert, sind weder die einen noch die anderen geschützt – und daher auch nicht vor der damit verbundenen Enttäuschung. Bequemlichkeit und Gewohnheit spielen bei allen Ehepartnern in der zweiten Ehe durchaus mit hinein. Vor allem Männer tun sich schwer damit, nach einer langjährigen Beziehung, in der sie sich um die Dinge des Alltags nicht zu kümmern brauchten, die nötige Infrastruktur selbst aufzubauen. Kleinigkeiten, wie die Fragen, wen man anruft, wenn die Spülmaschine streikt, bei welcher Temperatur Socken zu waschen sind, woher die gemangelte Bettwäsche kommt und wie eigentlich ein Anwohnerparkausweis zu beantragen ist, kann die selbsternannten Herren der Schöpfung ganz schön ins Schleudern bringen. So ist die nächste Heirat gar nicht so selten auch eine Verlegenheitslösung: Hauptsache, es ist jemand im Haus, der sich wieder um solche Dinge kümmert. Hinzu kommt, dass Männer bekanntlich ungern Probleme zugeben. Oft ist die Frau der einzige Mensch in ihrem Leben, vor dem sie ihre Schwierigkeiten offenbaren können. In der Trennungsphase gibt es dann Niemanden mehr, der sich ihre Sorgen anhört: aus diesem Grund ist es ihnen wichtig, mit einer neuen Partnerin auch ein Ventil für Kummer und Stress zu finden. Fragt man geschiedene Männer, wie sie sich eine gute Ehe vorstellen, wird man mit ganz altmodischen Idealen konfrontiert: »Ach« bekam ich einmal als Antwort, »ich male mir aus, dass ich nach einem langen Arbeitstag nach Hause komme, den Kindern, die schon schlafen, einen Gutenachtkuss gebe, mich mit meiner Frau an den Tisch setze und beim gemeinsamen Abendessen und einem Glas Wein den Tag Revue passieren lasse. Dann gehen wir ins adrett gemachte Bett, haben vielleicht noch Sex, und wenn ich anderntags aufstehe, liegt schon das von meiner Frau liebevoll gebügelte

Hemd bereit. Für diesen Komfort wäre ich dann selbstverständlich bereit, ihr Geld, Status und Schutz zu gewähren.«

In den Köpfen der meisten Männer hat sich etwas in der Ehe Nr. 2 verändert, nämlich ihre Vorstellung von der Funktion der Ehe. Sie sind nicht unbedingt schwächer geworden gegenüber ihren Frauen, aber sie haben Frauen geheiratet, die ihnen zu Hause weniger, in der Welt draußen mehr von Nutzen sind. Die Frau, die keine Teller wäscht, ist in der Regel eine Schönheit, die zehn bis zwölf Stunden im Bett bleibt und zwei Stunden zum Schminken braucht; sie muss zwar ein Kindermädchen anstellen, aber sie ist mit Sicherheit der Mittelpunkt jeder Party und nutzt seiner Karriere, weil ihn jeder Partygast beneidet. Was er will ist eine wunderschöne Kurtisane mit guten Umgangsformen. Eine Kurtisane, die mit ihm in die Welt gehen kann. Männer, die in erster Ehe ihre Frau als Haushälterin betrachtet haben, wollen also anschließend lieber eine Partnerin, mit der sie angeben können, mit der sich jedoch außerhalb des Betts kaum etwas zu sagen haben. Sexualwissenschaftler sehen in der Liebe in Serie ein zeitgemäßes Symptom für die Suche nach der optimalen Beziehung: Sie dient der Erweiterung des geistigen und körperlichen Erfahrungshorizonts. Mit der *Wiederho-lungsehe* begeben sich viele Liebende auf eine emotionale Bildungsreise. Von jedem ihrer aufeinanderfolgenden Partner lernen sie etwas Neues. Das hilft dann angeblich in der gerade bestehenden Ehe. Während verschiedene berufliche Erfahrungen zweifellos der Professionalität zugutekommen, mag jede neue Liebesbeziehung zwar durchaus die Persönlichkeit erweitern, erfahrener für die Langzeitliebe macht sie aber offensichtlich nicht. Zwar hegen die unverbesserlichen Mehrfachhochzeiter gewiss den Glauben, dass die jeweils neue Ehe ausbaufähig für die Ewigkeit ist. Als Zuschauer jedoch hat man daran in den allermeisten Fällen seine Zweifel. Die Vermutung, dass man mit jeder durchlebten und durchrittenen Partnerschaft auch beziehungsfähiger und ausdauernder wird, trügt denn auch in vielen Fällen. Den Statistiken zufolge erhöht sich das Scheidungsrisiko um 38 Prozent, wenn es für mindestens einen der Ehepartner die zweite Ehe ist. Werden dann noch Stiefkinder mit in die Ehe gebracht, beträgt die Wahrscheinlichkeit einer Scheidung bereits 88 Prozent. Wenn dann noch die Eltern beider Eheleute geschieden sind, ist es ohnehin Zeit, alle Hoffnung zu begraben: um 146 Prozent erhöht sich nämlich dann das Scheidungsrisiko! Die Hoffnung für eine Liebesreise in die Ewigkeit ist mit diesen Gegebenheiten soeben ausgestiegen. Wie sich gezeigt hat, sind die unverbesserlichen Wiederholungstäter, die es immer wieder ins Standesamt zieht, in ihren einzelnen Ehen keineswegs glücklicher als die idealistischen Anfänger – im Gegenteil: Ganz wie sich bei der zweiten Schwangerschaft eher der Bauch wölbt, treten die Unzulänglichkeiten von Folgeehen meist schneller zutage, weil man die Symptome bereits schon bei ihrer Entstehung erkennt. Der vielbeschworene neue Pragmatismus in Sachen Ehe hat zu einer *Wegwerfmentalität* geführt.

Das Konsumverhalten, das uns in den letzten Jahrzehnten suggeriert hat, dass es sich meistens nicht lohnt, eine defekte Sache zu reparieren, weil man für weniger Aufwand einen neuen und meist besseren Ersatz bekommen kann, hat nicht nur die Lebensdauer von Toastern, sondern auch das Verfallsdatum der Durchschnittsehe dramatisch sinken lassen. Das Durchhaltevermögen »in guten wie in schlechten Tagen«, dessen Absicht jeder Ehe zugrunde liegen sollte, geht immer mehr verloren, und damit auch eine zwischen-menschliche Kultur. Wer sich jedes Mal trennt, wenn es schwierig wird, mag ein Meister der Verdrängung sein – glücklich aber wird er durch das dauernde Weglaufen sicher nicht. Der Abschluss eines Ehevertrags, der letztendlich nichts anderes ist, als eine Spielregel für den schlimmsten Fall, senkt die Wahrscheinlichkeit einer dauerhaften Ehe um 47 Prozent. Diejenigen, für die eine Scheidung von vornherein eine Option ist, gehen erwiesenermaßen kritischer mit dem Partner um und trennen sich dadurch eher. Die Hoffnung, dass das Scheitern bescheidener und kompromissfähiger macht, ist also in den meisten Fällen trügerisch. Es gibt aber auch Frauen, für die der Ehering ein offenbar unverzichtbares Accessoire darstellt. »Ich wollte einen Ehemann und sieben Kinder, aber es kam andersherum«, bemerkte einst Liz Taylor. Rückblickend wissen wir, dass gewisse Frauen und Männer viele Male geheiratet haben, doch darf man nicht vergessen, dass die Betreffenden keine Ahnung hatten, was oder vielmehr wer noch alles auf sie zukommen würde. Fortsetzungen sind allerdings immer heikel. In Literatur und Film; ebenso wie im wirklichen Leben. Die

Chance, frühere Fehler auszugleichen, wird im Grunde auch selten genutzt. Wenn von den Mehrfachhochzeitern aber nichts Gutes zu halten ist, warum steht die Mehrfachehe so weit oben in der Beliebtheitsskala aller Verbindungen? Der Grund sind die seriösen, klugen Protagonisten der zweiten Ehe. Auf ihnen ruht die Hoffnung, dass die Ehe ein beliebtes Beziehungsmodell bleiben wird. Denn es gibt zwar allerlei abschreckende Beispiele für renitente Wiederholungstäter aber es gibt eben auch jene, die geläutert aus ihrer ersten Ehe hervorgehen und beim wiederholten Male dauerhaften Erfolg haben. Vielleicht deshalb, weil diese Menschen vor allem im privaten Umfeld anzutreffen sind, wirkt ihre Methode lebensnah und realistisch. Zum Erfolg der Mehrfachehe trägt zweifellos unentbehrlicher Optimismus bei: In Liebesdingen muss man stets das Beste hoffen – das Schlechte kommt von selbst. Alle Beteiligten in diesem Lebensabschnitt müssen sich früher oder später mit einem uralten Zwiespalt herumschlagen: dem Problem, sich selbst treu zu bleiben und gleichzeitig einem anderen. Aber gerade in der Bewältigung dieses Konflikts zeigt sich, weshalb die seriösen *Zweithochzeiter* den *Hochzeitern in Serie* überlegen sind.

Treue

Treue ist eine besondere Begabung, ein Talent, über das nicht jeder verfügt. Während wir nie erwarten würden, dass der Chaot aus Liebe zum Partner einen Ordnungsfimmel entwickelt oder der mit den zwei linken Händen plötzlich einen Zeichenkurs belegt, halten wir Treue jedoch für *erlernbar*. Zumindest muss sie erarbeitet werden, auch wenn es noch so schwerfällt. Wobei der Schüler sich natürlich nicht darüber beklagen darf, dass es nicht ganz leicht ist: das Bedürfnis, treu zu sein, gilt uns als natürliche Folge der Liebe. Dabei kann Treue, die einer Herzensanstrengung entspringt und nicht bloß eine angenehme Eigenschaft ist, wertvoll sein. Ist ein Mann treu, obwohl die erotische Unbeständigkeit ihn in seinen uräffischen Genen juckt, wird ihm dies allerdings im Allgemeinen wesentlich höher angerechnet als den Frauen, deren natürliche Anhänglichkeit noch immer oft fälschlicherweise mit sexueller Beständigkeit verwechselt wird. Um einen anderen gut kennenzulernen, braucht es Zeit. Treue erscheint mir daher oft nur als eine unpräzise Umschreibung dessen, worauf es eigentlich ankommt: auf Dauer. Es gibt nur wenige, ohne die wir uns ein Leben weder vorstellen können noch wollen: dies sind die Beziehungen, auf die es ankommt. Dauer verheißt Tiefe, Ernsthaftigkeit – und die Fähigkeit, Konflikte zu meistern. Insofern sind Ehen, die nach relativ kurzer Zeit, etwa im (vorverlegten) verflixten vierten Krisenjahr getrennt werden, anders zu bewerten als solche, die über einen langen Zeitraum geführt wurden. Eine Ehe, die nur wenige Jahre Bestand hatte, wird im Laufe eines durchschnittlich fünfundsiebzig Jahre währenden Lebens notwendigerweise mit der Zeit eher die Rolle einer Lebensepisode einnehmen, als ein Paar, das zwanzig Jahre miteinander ausgekommen ist. Sie fühlen eine Art Genugtuung und Stolz, einen weiten Weg miteinander gegangen zu sein. Dieses Gefühl vermissen jene Paare, die nur 7 Jahre oder weniger miteinander durchgehalten haben. Dementsprechend fehlen ihnen in Krisen Ausdauer und der Glaube daran, auch große Schwierigkeiten bewältigen zu können. Bei tiefgreifenden Problemen verlieren sie die Zuversicht, die Zweisamkeit noch durch die Ehe konservieren zu können. Emotionale Kurz-streckenläufer sehen sich einerseits nach Dauer, empfinden sie jedoch schon bald als kaschierte Langeweile. Oft miss-trauen sie schlicht der eigenen Fähigkeit zum Durchhalten. Wer dagegen einmal lange liiert war, wünscht sich erfah-rungsgemäß erneut eine dauerhafte Bindung – und hält den Statistiken zufolge auch eher durch. Skepsis gegenüber den schnellen *Ja*-Sagern ist also durchaus angebracht, ohne sie diskriminieren zu wollen. Wer in einer zweiten Ehe dauer-haftes Glück sucht, sollte im eigenen Interesse darauf ach-ten, dass der Partner schon vorher einmal Durchhaltever-mögen bewiesen hat. Bei manchen Paaren gelingt es dem be-ständigen und treuen Partner aber auch, einen Ehe-Serien-täter zu zähmen und so den Lauf der *Ehe in Serie* zu bannen. Die Vielfachhochzeiter sind ein Phänomen, dem man vor al-lem in Zeitschriften begegnet, während jene, die beim zwei-ten Mal ein glückliches Händchen beweisen, eher im priva-ten Bereich die Norm sind. Dass der zweite Kandidat besser zu einem Menschen passt als der erste, ist häufig zu be-obachten. Ein großartiger Ausblick für die Geschiedenen unter den Singles, mit denen wir es noch zu tun bekommen werden. In den allermeisten Fällen handelt es sich bei den seriösen Zweitehen um Beziehungen, in denen die Beteiligten die vorherige emotionale Niederlage reflektiert und verarbeitet haben. Für sie ist die nächste Ehe nicht eine Flucht und eine Ablenkung, sondern eine echte Chance. Grundsätzlich gilt im Leben wie in der Literatur: eine unglückliche Ehe erzeugt immer mehr Gesprächsstoff als eine friedliche Scheidung. Wer sich also in Aufmerksamkeit und Mitleidesbekundungen suhlen will, bleibt besser verheiratet. Oft erweist sich aber auch eine vielversprechend erscheinende nächste Bindung als solcher Flop, dass man wünschte, sie nie eingegangen zu sein. In diesen Fällen hätte man sich und anderen tatsächlich viel erspart, wenn man gleich beim ersten Partner geblieben wäre. Für die Kinder, die aus der ersten Bindung hervorgegangen sind wäre dies zumindest von Vorteil gewesen. Denn die Trennung der Eltern sitzt erwiesenermaßen bei ihnen so in den Knochen, dass sie später selbst lauter unglückliche Bindungen eingehen.

Die Ehe als Lehrmeister

Das Scheitern der zweiten Ehe ist vor allem dann vorprogrammiert, wenn sie eingegangen wird, ohne dass das Misslingen der vorigen Ehe verarbeitet wurde. Da dieser Prozess jedoch langwierig und schwierig ist, ersehnt man sich in einer schnellen frischen Beziehung eine Art Wundpflaster für die Verletzungen, die noch nicht verheilt sind. Wer sich jedoch in immer neue Ehen oder Beziehungen stürzt, ohne dazwischen zur Besinnung zu kommen, läuft Gefahr, das alte Beziehungsmodell mit all seinen Illusionen zu wiederholen. Aller Wahrscheinlichkeit nach erleidet man dann erneut Schiffbruch. Daher erleben gerade die zwei- oder dreifach Hochzeiter zwar oft im Verlauf ihrer nächsten Bindung das gesamte Spektrum aller Ehephasen am eigenen Leib, jedoch ohne das Geschehene konstruktiv in die neue Beziehung einbringen zu können. Alle Menschen sind klug – aber die meisten sind es wohl doch eher nachher als vorher. Natürlich schützt Erfahrung gerade in romantischer Hinsicht nicht vor weiteren

Torheiten, aber immer mehr Wiederholungstäter mit hei-ßem Herzen werden in ihren Beziehungen tatsächlich glück-licher als die blutigen Anfänger. Dennoch kann man der Mehrfachehe durchaus passable Erfolgschancen zuschrei-ben. So gelingt es vielen, die aus ihren Fehlern tatsächlich etwas gelernt haben, dies auch dann in ihren zweiten, manchmal auch dritten Ehen tatsächlich. Umso mehr möchte man denen aus ganzem Herzen wünschen, dass sie es beim nächsten Mal tatsächlich besser machen.

Allein, allein

Der mitleidige Geist der konventionellen Eheleute kann für Ausreißer aus der Ehe gelegentlich schwer zu ertragen sein. Der Makel einer Scheidung haftet einem noch lange nach der Trennung wie ein Egel am Bein. Nachdem mein Ex-Liebster und ich uns getrennt hatten – nahezu ohne großen Streit, ohne Vorwürfe, ohne den theatralischen *Rosenkrieg,* verabschiedete sich mehr oder weniger der gesamte gemeinsame Bekanntenkreis von heute auf morgen. Vermutlich deshalb, um einer Entscheidung zu entgehen, wer zu welchem geschiedenen Einzelteil hält. Da bietet es sich an, sich gleich ganz rauszuhalten. In der ersten Zeit der getrennten Wege bekommt man, wenn man Glück hat, noch den einen oder anderen mitleidigen Anruf mit einer höflichen Nachfrage nach dem aktuellen Befinden. Einladungen von Paaren, verheiratet oder nicht, bleiben nach der ersten Kondolenzphase dann meist ganz aus. Es scheint so, als hätte man eine ansteckende Krankheit, die da heißen könnte: Diagnose: Eheunfähigkeit, Warnung: Hoch ansteckend. Allein schon die Tatsache, dass eine getrennte Frau oder Mann in sich selbst schon eine Gefahr für die einladenden Paare darstellt. Grund: Beziehungsstatus: wieder Single und potentiell verfügbar; quasi eine Gefahr für Jedermann- oder Frau, besonders für die eigenen Ehepartner. Dieser Gefahr will sich niemand freiwillig aussetzen. Fazit: Auch ohne ersichtliches Schild steht da vor jedem Haus: »Willkommen in unserer heilen Welt«. Darunter steht: »Geschiedene! Wir müssen leider draußen bleiben!« In dieser Situation empfiehlt es also: Haltet Euch ab jetzt an die Gleichgesinnten! Denn wie man plötzlich bemerkt, gibt es mehr davon als erwartet. Als frisch geschiedener Neu-Single, dessen Aufmerksamkeit sich nicht mehr ausschließlich um den Partner und die Familie dreht, wird man erstaunlicherweise aufmerksamer seinen Mitmenschen gegenüber, besonders die sich noch in vermeintlich intakten Ehen oder Partnerschaften befinden. So kann es vorkommen, dass man als geschiedenes Wesen zur Psychotherapeutin mutiert. Plötzlich wird man Ansprechpartner von Ehepartnern, deren Haussegen ebenfalls schon bedenklich schief hängt. Sie sehnen sich danach, jemandem ihr Herz ausschütten zu können, am besten einer Person, »die es schon hinter sich hat«

(vorausgesetzt er oder sie weilt noch unter uns und wurde nicht in eine psychiatrische Klinik eingewiesen). Sie werden erstaunt sein, bei wie vielen Männern und Frauen in einer konventionellen Ehe mit Kindern, Haus und Hund gerade das der Fall ist. Es bedarf nämlich eines ungeheuren Aufwands an emotionaler Energie, als unzufriedener Ehepartner den Schein einer heilen Welt auf Dauer aufrecht zu erhalten, ohne daran zu zerbrechen. An dieser Stelle möchte ich wieder die *ansteckende* Krankheit ins Spiel bringen: werden positive Erfahrungen über die überstandene Trennung und das glückliche Leben *danach* ausgetauscht, erscheint eine Trennung in einem derart positiven Licht und schürt so den Gedanken einer Option, die sich plötzlich für einen Ehepartner in Krisensituationen ergibt. So kommt es oft vor, dass Freundeskreise, die kürzlich noch gemeinsam am Grill gestanden haben, sich bald auf Singlebörsen im Internet wiederfinden. Männer sowie Frauen. Gemeint ist die Phase, in der die ersten Ehen reihenweise kippen wie beim Dominospiel, und ein bizarres Bäumchen-wechsel-dich-Spiel beginnt. So ist es nicht verwunderlich, dass neue Konstellationen aus Paaren entstehen, die sich aufgrund des engen

Freundeskreises vorher schon gut kannten. So werden die Karten neu gemischt. Man könnte auch sagen: Die Kinder. Denn aufgrund der örtlichen Nähe soll es schon vorgekommen sein, dass die Sprösslinge plötzlich im Haus der besten Freundin gemeinsam wohnen. In jedem Fall bringt es frischen Wind in die ruhigen Reihenhaussiedlungen mit Vorgarten und der neugierige Nachbar hat jede Menge Gesprächsstoff am Gartenzaun. So entdeckte ich neulich eine Postkarte mit dem Spruch: »Früher hatten Eltern etwa vier Kinder – heute haben Kinder etwa vier Eltern«. Ein Text, der in meinen Augen absolut Sinn macht. Selbstverständlich gibt es auch die dunkle Kehrseite der Trennungs-Medaille in Form von denjenigen Ehefrauen und Müttern, die ihr hart erarbeitetes Bollwerk *Ehe* in Form von Sicherheit und Wohlstand wie eine Löwin vor dem Wasserloch verteidigen. Nicht selten hört man dann den Spruch: »Ja, meine Liebe – zu einer Trennung gehören halt immer zwei« mit einem äußerst vorwurfsvollen Unterton. Dieser soll uns wissen lassen, dass man schlichtweg *versagt* hat! Frauen, die *noch* verheiratet sind, wiegen sich in einer derart naiven Sicherheit, die ihnen glaubend macht, ihnen könne dieses Schicksal des sich auflösenden sakralen Gelübdes niemals wiederfahren. Verheiratete Frauen *mit Kindern* tun dies auf eine noch viel intensivere Weise. Mit der Geburt der Kinder scheint sich auch ein kleiner, leiser Machtgedanke einzupflanzen. Sie glauben felsenfest, ihre Männer würden sich allein schon wegen der Kinder und aus verantwortungsvollen Gründen niemals trennen. Die Statistik zeigt, dass genau diese stolzen Mütter es sind, die sich nach einer Scheidung nicht schützend vor, sondern hinter die Kinder stellen und über deren Kopf hinweg reichlich *Lösegeld* für die 14tägige Herausgabe der Kleinsten von Ihrem Ex-Ehemann fordern. Sind wir jedoch gnädig und stufen das Verhalten dieser Ehefrauen und Mütter als Unsicherheit und Angst vor dem seelischen Kollaps nach einer möglichen Scheidung ein. Eine Frau, deren Selbstbestimmtheit nach der Hochzeit im Dachboden verschwunden ist und deren emotionale Existenz darin besteht, die *Regierung* ihrer Familie zu sein, muss zwangsläufig ständig die Hauptrolle in ihrem Film *Lebensglück* spielen. Doch das Drehbuch wird oft schneller umgeschrieben als einem lieb ist. Die einzigen Menschen, die in dieser Situation loyal reagieren, sind Frauen, die selbst einschlägige Erfahrungen hinter sich haben, oder solche, die vom Leben einiges begriffen haben und denen jeglicher Hochmut aufgrund ihrer Klugheit, Herzenswärme und Empathie fremd sind. Es sind reifere Frauen, die meist alleine leben, weil sie begriffen haben, dass das eigene Glück ein Konstrukt ihres Selbst sein muss und die den Verlauf ihres Lebens nicht mehr von anderen Menschen oder Ereignissen abhängig machen. Bei ihnen kann man sich sicher sein, dass außer einem neutralen »Schade, dass es bei Euch Beiden nicht geklappt hat.« Worte die ohne jegliche Wertung und Vorwürfe erwidert werden, wenn man ihnen ihr Herz ausschüttet. Und das tut gut. Warum ist es für Ehefrauen im gebärfähigen Alter offenbar so schwierig, sich mit dem Thema »Trennung« auseinander zu setzen, geschweige denn es auszusprechen. Warum bringen sie so einfache Worte wie »schade« oder »es tut mir leid« nicht über die Lippen? Es mag vielleicht daran liegen, dass der ewige Fortbestand einer Ehe durch die Gesellschaft so fest in ihren Köpfen verankert ist, dass es bei einem Scheitern dieser Lebensgemeinschaft, das Bild eines *Versagers* hervorruft. So wiegen sich viele *noch* verheiratete Frauen in absoluter Sicherheit und in ihrem Kopf bildet sich der Satz:

»Selbst schuld!« Dabei ist eine gescheiterte Ehe einer der wichtigsten Gründe, jemandem sein Mitleid auszudrücken. Beim Tod eines geliebten Menschen ist es für die meisten von uns eine unausgesprochene Selbstverständlichkeit, unser Bedauern zu äußern und demjenigen selbstlos beizustehen. Eine zerbrochene Liebe oder Ehe fühlt sich in den ersten Wochen, Monaten, vielleicht sogar Jahren, nicht minder schmerzhaft an. Auch hier werden Hoffnungen, Sehnsüchte, Wünsche und Lebenserwartungen zu Grabe getragen und um die einstigen Lebensgefährten und Ehepartner getrauert. Man hat ja nie geglaubt oder gehofft, dass es so endet, dass es überhaupt endet. Viele Zuhörer haben Angst vor dem Öffnen der Schleusentore, dem Schmerz, der ihnen wie eine Flut der Tränen entgegen schwappen könnte. Also entgegnen selbst die einst engsten Freunde mit wenigen kurzen Sätzen ihr Mitgefühl. Sich auf einen trauernden Mitmenschen voll und ganz einzulassen und auch darüber hinaus Beistand zu leisten, erscheint vielen als zeitaufwendige Last, die viele nicht bereit sind mitzutragen. Für alle, die so reagieren, wenn ihnen eine negative Nachricht zugetragen wird, hoffe ich aus ganzem Herzen, dass sie selbst niemals in die Lage kommen, echte mitfühlende Freundschaft zu benötigen.

Die Tücken der Liebesheirat

D ie Ehe ist eine Romanze, in welcher der Held im ersten Kapitel stirbt. Das haben Paare, die aus Liebe heiraten, entweder nicht begriffen oder wollen es nicht wahrhaben. Denn Liebe bedeutet keineswegs die Lösung aller Probleme, sondern schafft nur neue. Wer aber heute heiratet, tut dies fast zwangsläufig in der Zuversicht, dass gerade *seine* Ehe entgegen aller statistischen Wahrscheinlichkeit Bestand haben wird. Wer so denkt, wird irgendwann eines Besseren belehrt werden und seine Ehe oftmals sogar als *Fehler meines Lebens* bezeichnen. Woody Allen erkannte schon in den Siebzigern: »Die Ehe ist der Versuch, zu zweit mit Problemen fertigzuwerden, die man alleine niemals gehabt hätte«. Doch was diese Aussage betrifft, befand er sich in bester Gesellschaft mit all den Träumern, die ebenfalls aus Liebe geheiratet haben und die verzweifelt versuchten, diese Lebens- und Liebesgemeinschaft zu konservieren. Sie alle wurden am Ende alle bitter enttäuscht. Doch: nur Mut! Romantiker müssen ihre Gutgläubigkeit nicht gleich in die Ecke feuern. Aber wir müssen genauer hinsehen, denn viele der wirklich großen Liebespaare in der Geschichte, auf der Bühne oder Leinwand *waren gar nicht* miteinander verheiratet! Weder Antonius und Kleopatra noch Robin Hood und seine Maid Marian oder Bonnie und Clyde, ebenso wenig wie Katharine Hepburn und Spencer Tracy, Maria Callas und Aristoteles Onassis oder Simone de Beauvoir und Jean-Paul Sartre. Womöglich liegt ja in der *wilden Ehe* eine Dauerglückschance für die Liebe? Die Liebesehe ist zweifellos eine große literarische und philosophische Errungenschaft – aber ihre Alltagstauglichkeit muss heute mehr denn je in Frage gestellt werden. Das Pech der Schriftsteller und Philosophen ist, dass ihnen all ihre Erkenntnisse über die Liebe nichts nützen, wenn es zum Selbstversuch kommt. Auch die überzeugtesten Liebesehepaare mussten irgendwann feststellen, dass sich Leidenschaft nicht einfrieren lässt. Schließlich wirft jeder dem anderen vor, dass er nicht mehr *der* ist, den man sich erhofft, einmal begehrt und geliebt hat. Jeder bedauert, dass der andere plötzlich nur *das* ist, was er eben ist. Der Traumprinz von einst ist weggeritten und das holde Feenwesen hat sich in den Jahren immer mehr in Luft aufgelöst. Die leidenschaftliche Bejahung des anderen ist leider nur ein Traum, aus dem jeder früher oder später erwachen muss. Serge Gainsbourg, einst mit jeder Faser seines Selbst der Schauspielerin Jane Birkin verfallen, sagte: »Man liebt eine Frau für das, was sie nicht ist, und man verlässt sie wegen dem, was sie ist.« Sobald unsere Hormone und Instinkte sich einigermaßen beruhigt haben, versuchen wir ja durchaus, auf die Stimmen von Herz und Verstand zu hören, indem wir die wenigen schönen Momente der Zweisamkeit genießen und die immer häufiger auftretende Schweigsamkeit und Lieblosigkeit ignorieren. Fällt uns dies zunehmend schwerer, warten wir hoffnungsvoll, ob das Gefühl den Verstand besticht oder umgekehrt. Unser Verhalten kann in dieser Phase durchaus widersprüchlich sein, je nachdem, wer im Zweikampf von Gehirn und Herz gerade die Oberhand hat. Ein harmonischer Theaterbesuch mit einem anschließend romantischen Abend bei einem Glas Wein kann das Paar in eine wohlige Zufriedenheit führen und ihr Gemüt denken lassen, alles richtig gemacht zu haben. Ebenso schnell stürzt jedoch eben jenes Gefühlskonstrukt ein, wenn ihnen irgendwann ängstlich bewusst wird, dass bereits am Frühstückstisch der Gesprächsstoff ausgegangen ist. Meist fällt diese Gefühlsleere in Zeiten, in denen der Nachwuchs noch minderjährig ist, nicht wirklich auf. Der *große* Wortschatz der *kleinen* Sprösslinge vermag es, die Stille der Ehepartner gut zu überdecken. Doch wenn die Kinder flügge werden und anfangen, eigene Wege zu gehen, vielleicht sogar ausziehen, wird die Wohnung oder das Haus zunehmend stiller und diese Erkenntnis kann jetzt nur noch das Gebrumme des Staubsaugers übertönen. Die Verschleißerscheinungen der Lust tun dann ein Übriges. Da kann weder ein sorgfältig vorbereitetes romantisches Essen am Abend noch das Tragen von verführerischen Dessous frischen Wind in die inzwischen kalten Flure treiben, wenn der Ehemann nach einem langen Arbeitstag sich nichts sehnlicher wünscht als das Fußballspiel auf dem Sofa zu genießen. Die Folge der zerplatzten Erwartungen ist meistens ein Wortgefecht mit dem Ergebnis, die gemeinsame Ehe, *vielleicht* nicht zum ersten Mal, in Frage zu stellen und nachts traurig und enttäuscht in die Dunkelheit zu starren. Viele versuchen, diesen

Prozess der Erkaltung aufzuhalten, indem sie Liebesbeweise erbringen. Spontane und teure Wellnessurlaube sind gerade voll im Trend. Sie sollen die berufliche Abwesenheit eines Partners anschaulich kompensieren. Übertriebene Geschenke zum Hochzeitstag lassen das längst verlernte Funkeln in den Augen der Gattin wenigstens einen kurzen Moment lang aufblitzen. Doch zu diesem Zeitpunkt ist das Gleichgewicht der Beziehung allerdings schon empfindlich aus dem Lot geraten. Außerdem ist es mit Opfern, die man für eine Beziehung bringt, so eine Sache. Sie sind zwingende Kompromisse zum Erhalt der Lebensgemeinschaft! Kleine Gesten der Zuneigung, liebevolle Taubheit von Gesagtem, um Diskussionen zu entgehen. Das Ausführen von ungeliebten Tätigkeiten im Zuge der Ehepflicht und zuletzt das Entbehren, Entsagen und Entgleiten von vielen Eigenschaften, Hobbies und Vorlieben, die unsere wahre Persönlichkeit ausmachten. Andererseits bringen die wirklichen, also die schwer zu bringenden Opfer es mit sich, dass sie einen reuen könnten, falls die Beziehung nicht hält, was sie im Moment der großen Verliebtheit zu versprechen scheint. Auf einen geliebten Wohnort, Beruf oder einzelne Freunde zu verzichten, weil sie nicht zum Lebenskonzept des anderen passen, kann sich ebenso rächen wie der Entschluss, daran um jeden Preis festzuhalten. Es sind allerding bis heute meistens eher die Frauen, die solche Opfer bringen, ihren Job aufgeben, weil einer sich um die Kinder kümmern muss. Hobbys verkümmern da schnell, weil es der Mann nicht schätzt und weil er den Enthusiasmus und ihre Zeit lieber auf sich selbst verwendet sieht, als sie anderen Beschäftigungen, Dingen oder Menschen entgegen zu bringen. Im Gegensatz zur Meinung vieler macht Liebe nicht blind, sondern eher sehend – zumindest zu Beginn. Wer verliebt ist, betrachtet das Objekt seiner Begierde in besonders positivem Licht mit Weichzeichner. Selbst kleine Makel verformen sich unter der rosaroten Brille der Liebe. Wie sang 2016 John Legend so schön: »…Love your curves and all your edges – all your perfect imperfections…«

Die Kunst ist es daher, im Laufe der Zeit für die weniger entzückenden Angewohnheiten blind zu werden, damit wir nicht eben diese eines Tages als unerträgliche Eigenschaften verabscheuen. Denn gerade Eigenschaften, die uns zu Beginn an einer Person reizen, verwandeln sich im Laufe der Zeit nicht selten in Trennungsgründe: der Mann, dessen Bildung uns so beeindruckt hatte, erscheint plötzlich nur noch besserwisserisch und unerträglich dominant, und die Frau, die so verführerisch wirkte, verbringt Stunden über ihren Schönheitsritualen im Bad und fühlt sich abends vor lauter Antifaltencreme unangenehm glitschig an. Es liegt oft mehr Wahrheit im Nachlassen der Liebe als in der Liebe selbst! So, wie uns die Ebbe das Wasser unter den Füssen nimmt und uns im kalten Wind stehen lässt. Das Erwachen aus dem Liebestraum, das Abnehmen der rosaroten Brille, ist die bitterste Erkenntnis eines Liebespaares: Die Liebe findet ihren Sinn ausschließlich im Augenblick und in sich selbst.

Der Klassiker: »Die konventionelle Ehe«

Beispiele für konventionell geführte Ehen kennt jeder zuhauf aus dem eigenen Familien- und Bekanntenkreis. Da lässt sich oft gut beobachten, wie die Unterordnung des einen Partners zugunsten des anderen funktioniert – wobei die Rolle als Fels in der Brandung im Regelfall der Frau zugedacht ist. Das liegt nicht nur daran, dass diese klassische Eheform ein Mittel zur Unterdrückung der Eigenständigkeit und Unabhängigkeit der Frau ist. Aus diesem Grund haben auch viele Feministinnen dagegen gewettert. Das ist zwar so richtig, doch braucht es zur Unterdrückung auch immer einen, der sich unterdrücken lässt. Es gibt aber auch durchaus Beispiele für normale Ehen, in denen sich der Mann als aufopfernder Diener seiner Frau versteht. Ein schönes Beispiel zeigt die Ehe von Leonard Woolf, der sich ständig um Virginia Woolf kümmerte, dafür sorgte, dass sie genug schlief und aß; überdies war er immer der erste Leser ihrer Manuskripte. Philip Mountbatten, geborener Prinz von Griechenland, geht seit nunmehr über fünfzig Jahren stets zwei Schritte hinter seiner Frau, Elizabeth II von England. Einige Biographen behaupten: Sie trägt die Krone, aber er hat die Hosen an! Es sei uns nicht vergönnt als Homo Sapiens, die einströmenden Hormone der Liebe davor zu bewahren, dass sie eines Tages wieder dahin zurückkehren, wo sie entstanden sind, um irgendwann erneut in unser Blut strömen zu dürfen, wenn es die Natur für angemessen hält.

Die Erkenntnis, dass man eines Tages in den Spiegel schaut und vergeblich die eigene Person sucht, die einen vor der Heirat angeblickt hat, ist zunächst so bedeutend wie traurig aber meistens unumgänglich, wenn die Verliebtheit erstmal abgeflaut ist. Wenn zwei Menschen miteinander die Ehe eingehen, so muss in den meisten Fällen einer von ihnen vollkommen auf sein eigenes Ich verzichten und nicht nur auf seinen Willen, sondern auch auf seine eigene Meinung: er muss sich entschließen mit den Augen des anderen zu sehen und das zu lieben, was dieser liebt. Andere arrangieren sich und finden Mittel der Kompensation. Wenn die einen Freuden des Ehelebens vergehen, werden sie eben mit anderen ersetzt. So kommt es nicht selten vor, dass ein klägliches Sexualleben mit Nahrung ersetzt wird, wie schon Alfred Hitchcock 1926 erkennen ließ. Er machte nie einen Hehl daraus, dass zwischen ihm und seiner Frau nur noch ein platonisches Verhältnis bestand: »Bei den meisten verheirateten Paaren...«, sagte er einmal, »...beginnt im Verlauf des Zusammenlebens, nach etwa fünf oder sechs Jahren, jenes anziehende Gefühl zu schwinden. Dann nimmt gutes Essen den Platz von Sex in einer Beziehung ein«. Kritische Zungen behaupten sogar: Eine Ehe ist eine Institution zur Lähmung des Geschlechtstriebes. Sie wird nach einigen Jahren zu einer Art Geschwisterbeziehung, gekennzeichnet von gelegentlichen Zusammenkünften, um *Inzest* zu treiben. Es sind die vielen verschiedenen Optionen, die der konventionellen Ehe das Leben schwermachen. Dauernd vorgeführt zu bekommen, dass andere Frauen Kinder und Karriere unter einen Hut bekommen, setzt diejenigen, die sich für die Vollzeit-Mutterrolle entschieden haben, unter Druck. Obwohl die meisten Männer nach wie vor die klassische Arbeitsaufteilung befürworten, leugnen die wenigsten, dass sie sich mit ihrer Frau oft nicht mehr viel zu sagen haben. Inspiration suchen sie dann früher oder später woanders. Affären sind hier bald auch keine Seltenheit, wobei die Existenz meistens ähnlich wirkungsvoll übersehen wird wie das Scheitern dieses Ehemodells im Freundeskreis. Gefährlich wird es, wenn der Mann sich in eine Frau ernsthaft verliebt, die für die emanzipierte Partnerschaft steht: Dann droht nicht nur das Ende der Ehe, sondern auch eine tiefe Sinnkrise der Frau – die oft zu einem Zeitpunkt geschieht, in der eine Rückkehr ins Berufsleben keine Möglichkeit mehr ist. Familien, in denen beide arbeiten, haben dagegen in den meisten Fällen größere Chancen, glücklich zu sein – weil zumal die Mutter immer ein latent schlechtes Gewissen der Familie gegenüber hat. So gibt sie sich besondere Mühe. Eltern, die ihre Kinder den ganzen Tag über kaum gesehen haben, stürzen sich am Abend auf sie und bemühen sich, auch am Wochenende etwas zusammen zu unternehmen. So bekommen die Kinder oft tatsächlich das Beste beider Welten: Eltern, die zufrieden sind, weil sie in ihren Berufen Herausforderung und Bestätigung finden. Zudem bringt es auch finanzielle Vorteile für die Kinder, wenn durch beide berufstätige Eltern genug Mittel vorhanden sind, um ereignisreiche Freizeitaktivitäten und Urlaube zu finanzieren. Um als Frau in der konventionellen Ehe daher von tiefstem Herzen, voller Überzeugung und nicht nur oberflächlich glücklich zu sein, braucht man sowohl ein ausgeprägtes Selbstbewusstsein wie auch ein dickes Fell. Nur die allerwenigsten sind souverän genug, zuzugeben, dass sie es bei diesem Abkommen auch ganz bequem haben. Die Frauen, die in einer konventionellen Ehe leben, müssen sich nur den Vorteilen bewusst sein und die Gelassenheit besitzen, auch mal ein Auge zudrücken zu können, nachdem sie den richtigen Mann gefunden haben. So können die Ehepartner einer *normalen Ehe* über Jahre glücklich miteinander auskommen. In der Regel jedoch sind konventionell geführte Ehen Bündnisse, die nicht zu selten unter schweren Kämpfen, harten Opfern und leidvollen Erfahrungen zu leiden haben. Es sind dies aber auch die Ehen, aus denen jene Paare hervorgehen, die im Alter Hand in Hand auf der Parkbank sitzen – Händchen haltend nicht ein Leben lang, sondern oft erst wieder, wenn die zurückliegende Zeit um ein Vielfaches länger ist als die, auf die man realistischer Weise noch hoffen darf. Doch häufig wird die fehlende romantische Bindung dieser Ehe vorher zum Verhängnis. Denn den Weg in die reine Kameradschaft verstellt den Konventionellsten gerade jede Zuneigung, aus der heraus sie geheiratet haben. Vor allem aber steht dieser Ehe heute eine Vielzahl von Möglichkeiten des Zusammenlebens gegenüber, die Patchwork Familie ist ihr größter Konkurrent; ein Feindbild auch, was die vermeintliche laxe moralische und pädagogische elterliche Gesinnung von solchen zerbrochenen und wieder neu zusammengesetzten Familien angeht. Die Rollenaufteilung, die der klassischen Ehe zugrunde liegt, mag vielen nicht mehr zeitgemäß erscheinen, doch das macht sie keineswegs schlecht. Es führt jedoch kein Weg vorbei an der Erkenntnis, dass ein großer Teil der Bevölkerung sie sich schlichtweg nicht mehr leisten kann. Um einen zufriedenstellenden Lebensstandard heute halten zu können, müssen unter jungen Eltern heute erst recht beide arbeiten, um im Alter nicht zu einer unzumutbaren Belastung für ihre Kinder zu werden. Die schleichende Vermögensentwertung und die Bevölkerungsentwicklung fordern ihren Tribut. Sollten Staat und Gesellschaft nicht bald eine veränderte Sichtweise an den Tag legen, dürfte die klassische Ehe allerspätestens in der nächsten Generation gänzlich als das gelten, was sie in vielen Fällen bereits heute ist: die Lebensform der Reichen und Sorglosen, in der die Frauen für ihren Dienst am Überleben der Gesellschaft durch mehr Freizeit entschädigt werden.

Platz 1 der Wunschliste: Die Ehe

Nicht nur die Kirche, sondern auch der Bundesregierung zufolge ist vor allem die Liebe heilig, die der Gründung einer Familie dient! Dabei haben wir jedoch nicht mehr den Fortbestand unserer Spezies im Sinn. Keine andere Beziehungsform wird derart gut in der heutigen Gesellschaft bewertet, wie eine kirchlich oder standesamtlich gesegnete Beziehung mit Brief und Siegel! Rund 90 Prozent der deutschen Erwachsenen wünschen sich, später eine eigene Familie zu gründen. Aber die Familie hat eine grausame Konkurrentin bekommen: *Die Karriere!*

Kinder mögen zwar zu einem perfekten Lebensentwurf gehören, aber zunächst wird in der Regel ein ausfüllender Beruf angestrebt, der einen hohen Lebensstandard für die spätere Familie ermöglicht. So wird der Kinderwunsch immer weiter nach hinten verschoben – um sich mit den gegebenen Fähigkeiten voll entfalten zu können. Der Wunsch, sich »vermehren« tritt in den Hintergrund. Die Welt bereisen und anderen Aktivitäten nachzugehen rückt erstmal an erste Stelle. Das mag auf den ersten Blick auch erstrebenswert sein. So findet man Sprüche aller Art auf unzähligen Internetplattformen, die einem empfehlen, das eigene Selbst bis auf das Äußerste auszuschöpfen und am besten nur glückliche Momente zu genießen. Klingt großartig! Doch zu welchem Zeitpunkt wird geplant, wofür die Beziehung oder Ehe ursprünglich gedacht war? Nämlich die eigene Person auf wunderbare Weise fortbestehen zu lassen? Im lauten Getöse dieser Selbstverwirklichung, hören wir die Uhr nicht mehr, die unaufhörlich in uns Frauen tickt. Der weibliche Körper ist so konzipiert, dass alle Organe zwischen 20 und 25 optimal darauf konzipiert sind, Kinder in die Welt zu setzen. Wie soll das also funktionieren, wenn wir zu dieser Zeit noch im Hörsaal oder auf der Karriereleiter sitzen? Ein Kompromiss, dem wir uns so früh wie möglich stellen sollten. Denn es ist ja nicht so, dass wir uns entschließen in zwei Jahren Kinder zu bekommen, ohne danach zu fragen, ob unser Körper ebenfalls damit einverstanden ist. So kommt es nicht selten vor, dass von Paaren *bestellte* Kinder einfach nicht geliefert werden wollen. Die Folge davon ist emotionaler Stress, bis hin zum vorzeitigen Ende einer Beziehung.

Ach, Du liebes Kind!

Vielen steht, je älter sie werden, auch die Verantwortung und die Verpflichtung, die eine Familie mit sich bringt, klarer und bedrohlicher vor Augen. Daher spürt man immer häufiger, dass es besonders Individualisten und Anhänger der romantischen Liebe sind, welche diese Meinung vertreten, jedoch ohne die gesellschaftliche Pflicht, auch Kinder in die Welt setzen zu müssen. Wenn junge Frauen heute in überwältigender Mehrzahl angeben, nicht mangelnde Betreuung oder Einbußen im Beruf wären der Grund für ihre Kinderlosigkeit, so behaupten sie: einzig der fehlende richtige Partner sei der Grund dafür. So zeigt sich, dass die Krise der Liebe auch eine Krise der Familie nach sich zieht. Wir sind misstrauisch geworden. Fühlen uns häufig nicht mehr stark genug oder trauen dem Partner nicht mehr zu, dass dieser der großen Herausforderung der Familiengründung überhaupt gewachsen ist. Und da gerade Frauen durch ein Kind am meisten beansprucht und belastet sind, nimmt bei vielen hier die Bereitschaft ab, die eigene Erlebniswelt für den Nachwuchs zu opfern und am Ende womöglich noch ohne die Hilfe und Verstärkung eines Partners dazustehen. In Liebesbeziehungen, in denen die Gefühlswelt intakt ist und beide sich voll und ganz auf den Anderen konzentrieren, kommt es häufig vor, dass ein Kind dieses zerbrechliche Gleichgewicht aus dem Lot bringen kann. Grund dafür ist die schwindende Aufmerksamkeit, Fürsorge und sexuelle Anziehung, die eine Geburt mit sich bringt. Der Körper und Geist einer jungen Mutter ist bis in die kleinste Faser damit ausgefüllt, den mütterlichen Instinkten und unzähligen Ratschlägen anderer zu folgen, um eine gute Mutter zu sein. Erschöpfung und Müdigkeit stehen nun an der Stelle, an der einst Konversation und Sex beheimatet war. Ein Drittel aller Frauen bleibt heute kinderlos, dreimal so viel wie vor hundert Jahren. Die durchschnittliche europäische Geburtenrate liegt bei erschreckenden 1,5, in Deutschland beträgt der Schnitt sogar nur 1,4. Es wären aber statistische 2,1 Kinder pro Frau nötig, um der Schrumpfung der Jugend entgegenzuwirken. Während die hiesige Heirats- und Scheidungshäufigkeit europäischem Mittelmaß entspricht, bildet die deutsche Geburtenrate zusammen mit der von Italien das Schlusslicht der EU. Die sich dramatisch verändernde demographische Lage hat nicht nur zu einer Neubewertung des Alters geführt, sondern erzwingt immer mehr auch eine neue Sicht auf Familie und Elternschaft. Mit Kindern ist es offenbar ähnlich wie mit der Institution der Ehe: Der Wunsch danach ist stabil geblieben, doch mit der Umsetzung scheint es zu hapern. Das mag daran liegen, dass die Vereinbarkeit von Familie und Beruf nach wie vor in erster Linie als Frauenthema angesehen wird. Auch wenn der moralische Druck auf die Mütter abgenommen hat, die ihren Beruf aufgeben und sich möglichst ausgiebig den Kindern widmen, entscheiden sich immer mehr Akademikerinnen dafür, den Beruf nach der Geburt eines Kindes nicht zu vernachlässigen. Für viele Frauen mit guten Berufsaussichten ist es in Zeiten schwindender Arbeitsplätze manchmal schwierig, sich zu ihrer Mutterrolle und gleichzeitig zu ihrer Karriere zu bekennen. Der moralische Druck, der auf ihnen lastet, macht sich in bösen Blicke auf dem Spielplatz bemerkbar. Mit hochgezogenen Augenbrauen von Nachbarn und Kollegen angesichts der unterstellten Vernachlässigung der

Kinder zugunsten der eigenen Selbstverwirklichung müssen Mütter, die sich für Karriere und Kind entscheiden, nicht selten fertig werden. Davon kann jede berufstätige Mutter ein Lied davon singen. Dabei spielt es keine Rolle, ob eine Mutter *freiwillig* den Gang ins Büro gewählt hat, oder ob es der finanzielle Druck erfordert. Der Familienvater, der ebenfalls eine Karriere dem Babygeschrei und Hausputz vorzieht, wird von der Gesellschaft anstandslos akzeptiert und heimst obendrauf auch noch das Lob zur *perfekten Familie* ein. Das bringt auch die Statistik zum Ausdruck. Egal wie wir es also drehen und wenden: Gedeih und Verderb einer intakten Familie liegt an den Frauen. Hier ein Zahlenspiel: Ein gemeinsames Kind senkt das Scheidungsrisiko um 36 Prozent. Arbeitet eine Mutter jedoch, steigt das Scheidungsrisiko um das Dreifache. Sollen Frauen also auf der Karriereleiter oder an der Spielplatzrutsche klettern? So gesehen, wäre die Verbindung von Kind und Karriere für das Eheglück eine Milchmädchenrechnung. Zum Glück bleiben bei diesen Zahlenspielchen die Emotionen außen vor. Soziologen bestätigen, dass die meisten Frauen glücklicher sind, wenn sie sich nicht allein über die Mutterschaft definieren müssen. Sie haben die Chance, sich aufgrund finanzieller Unabhängigkeit und beruflicher Bestätigung die eigene Persönlichkeit weitgehend zu erhalten. Weiter hat die Zufriedenheit und Ausgeglichenheit der Eltern einen weitaus positiveren Effekt auf die Kinder, wenn diese dem Kleinkindalter entwachsen sind als die permanente Anwesenheit eines Elternteils. Die zum Teil erbittert geführte Diskussion um die Vereinbarkeit von Kindern und Karriere zeigt nicht allein, dass es in Deutschland zu wenige öffentliche Kinderbetreuungsstätten gibt. Ungewollt entfacht sie einem unerbittlichen Kampf aus *Vollzeit- und Rabenmüttern*, bei der der arbeitende Teil und Vollblutmütter sich kreischend an der Spielplatzrutsche gegenüber zu stehen scheinen. Da wird getuschelt »warum setzt man dann überhaupt Kinder in die Welt« oder: »die Gluckenmutter erzieht ihre Kinder doch bloß zu Weicheiern!« Da finden wir die selbsternannten Supermamis, welche die Kinder von arbeitenden Müttern am Spielplatz mit Argusaugen beobachten und auf der Suche sind nach Indizien für eine *Störung des sozialen Verhaltens* oder anderen Vernachlässigungserscheinungen. Oft ist es jedoch nur die Angst, ihr Feindbild hätte vielleicht doch die bessere Aussicht auf ein erfüllteres Leben als sie selbst. Vor allem dann, wenn sie erkennen müssen, dass die Kinder von berufstätigen Müttern, *trotz allem* scheinbar ein *normales* Verhalten an den Tag legen. Frauen vergleichen sich seit jeher mit anderen Frauen, ganz gleich, ob es um Aussehen, Figur, Kleidung geht oder um Mann, Kinder, Haus oder Handtasche. Hinzu kommt, dass angesichts der Scheidungsraten heutzutage keine Frau wirklich sicher sein kann, dass ausgerechnet *ihre* Ehe halten wird! Wir werden uns also entscheiden müssen! Zählen wir eher zu den Löwinnen, die auf die Jagd gehen, während ihre Jungen in Aufsicht der anderen Familienmitglieder am Wasserloch spielen oder gehören wir zu denen, die erschöpft und gelangweilt sich von den Kleinen *aussaugen* lassen. Da man sich das, wofür man sich entschieden hat, gerne immer auch ein bisschen schönredet, ähnelt das zweite Modell der konventionellen Ehe oft einem überzeichneten, makellosen Werbespot.

Das Hamster-Rad

Hinter der perfekten Fassade der konventionellen Ehe bilden sich jedoch meist schon nach wenigen Jahren feinste Risse, die eines Tages alles zum Einsturz bringen. Dass es den Männern in der Bilderbuchehe so gut gefällt, hat vor allem mit dem ihnen mitgeliefertem Status als Familienoberhaupt zu tun. Auch wenn es heute nicht mehr die Regel ist, dass ein Ehemann seiner Frau einen Beruf zu ergreifen, verbietet, so scheint es doch von ihm immer noch lieber gesehen zu sein, wenn er seine Liebste am gedeckten Abendtisch weiß, als bei einem Meeting spätabends. Die Gleichberechtigung von Mann und Frau hat auch vor der Institution Ehe nicht Halt gemacht. Die *normale* Ehe bietet heute weniger Stoff für große Heimatidyllen als für Karikaturen. Doch gerade Frauen müssen sich gut überlegen, ob sie die traditionelle Ehe mit ihrer klassischen Rollenverteilung nicht gleich von vornherein ablehnen sollten. Wer sich für eine emanzipierte Ehe entscheidet, ist nämlich pausenlos im Einsatz für die Familie! Solche

Frauen verschreiben sich selbst einen 7 Tage Job mit mindestens 10 Stunden pro Tag. Hat man Großeltern in der Nähe, kann man pro Jahr vielleicht 2 Wochen *Urlaub nehmen*. Die Bezahlung besteht im besten Fall aus einem schön eingerichtetem Haus und gelegentlich teure Urlaube und teure Geschenke zu Weihnachten und zum Geburtstag. Den Geschenken zum Hochzeitstag messe ich absichtlich hier nicht sonderlich viel Bedeutung bei...Die Erziehung von Kindern fordert enorme Kraft. Emotional sowie körperlich. Doch nicht, dass diese Leistung, wie im Berufsleben, in jährlichen Einzelgesprächen belobigt oder vergütet würden, im Gegenteil: gerügt wird das Essen, dass nicht schmeckt und der Staub, der noch abends vorhanden ist. Loben kann man sich wahlweise selbst vor dem Spiegel. Mit den Jahren verwandeln sich die einst häuslichen Pflichten zu einer belastenden Pflicht, aus der es in den ersten Jahren kein Entrinnen gibt. Man mutiert zu einem neuen Wesen. Eine Vielfalt von Berufen, könnte man sich auf die Visitenkarten drucken lassen: Haushalts-Manager, Animateur, Putzfrau, Krankenschwester, Seelsorger, Köchin. Verantwortlicher für saubere Häuser, glänzende Toiletten, saubere Vorgärten, gesellige Grill-abende und höfliche Kindern. Die hochhackigen Schuhe und Miniröcke, die das alles überhaupt möglich gemacht haben, verstauben derweil im Ankleidezimmer. Die Frisuren werden mit den Jahren kürzer und pflegeleichter, die Kleidung bequemer. Hinzu kommt die Erkenntnis, dass all diese Leistung in den seltensten Fällen vom Partner oder den Kindern in irgendeiner Weise wertgeschätzt werden. (...außer man steht auf Tankstellenblumensträuße und selbstgemalte Bilder zum Muttertag) Eine Ehefrau findet sich nach einigen Jahren verwelkt wieder. So wie die getrocknete Rose vom Heiratsantrag, die nun platt und verstaubt im Erinnerungsalbum klebt. Die ersten Jahre nach der Hochzeit vergehen so schnell, dass man es gar nicht genießen kann, wie jung und attraktiv man doch gerade in den Jahren während der Ehe ist. Wer frühzeitig erkennt, dass Kinderkriegen und die Instandhaltung des Lebens mit einer Menge Arbeit verbunden ist, gönnt sich Putzfrau und im besten Fall ein Au Pair Mädchen, so bleibt auf elegante Weise, der Schein einer ordentlichen Vollzeitmutter gewahrt. Keine Frage: Kinder brauchen die Zeit und Aufmerksamkeit zumindest eines Elternteils, doch tagsüber muss ihnen diese nicht ausschließlich von den Eltern entgegengebracht werden. Von den Eltern brauchen Sie Wärme, Liebe und Geborgenheit. Doch wenn die Frau den ganzen Tag mit den Kindern zusammen war, ist sie abends, wenn der Mann nach Hause kommt, oft genervt. Während er – in ihren Augen – interessante Deals abgeschlossen hat, spannende Meetings hatte oder womöglich auf Dienstreise war, hat sie den ganzen Tag über die Kinder versorgt, sie von A nach B kutschiert und somit wenig Aufregendes am Abend darüber zu berichten. Früher waren Frauen in der konventionellen Ehe glücklich, weil es nichts Anderes gab. Nicht selten waren die Kinder ohnedies nur ein kleiner Teil ihres Alltags. Ob sie in bäuerlichen Gegenden auf dem Hof mit anpacken mussten oder in der Stadt ihren gesellschaftlichen Verpflichtungen nachgingen, sie kamen kaum zum Nachdenken über ihre Situation, die sich in nichts von dem Leben der anderen Frauen unterschied. Heute gestehen Frauen, die ein Jahr

Mutterschutz haben durchaus, dass sie sich geradezu danach sehnen, wieder arbeiten und sich über etwas Anderes als das Thema *Kinder* unterhalten zu können.

Die Stimme der Vernunft

B ei der Vernunftehe ist Ebenbürtigkeit eine Grundvoraussetzung. Da Berechnung und Eigennutz in
der Vernunftehe nicht etwa einem Charaktermakel
darstellt, sondern von Klugheit zeugt, ist es angenehm,
wenn beide darüber verfügen: Das macht die Beziehung
ehrlicher. Damit die Rechnung aufgeht, sollten sich Kosten
und Nutzen der Verbindung die Waage halten; wo beide
Partner mit vergleichbarem Einsatz einsteigen, verteilt sich
auch das Risiko im Falle des Scheiterns. Wenn also eine un-
scheinbare Kellnerin einen Millionär heiratet, wie Alice Kim,
Sushi Bedienung und derzeit amtierende dritte Ehefrau des
Schauspielers Nicolas Gage, und damit dessen Film: »Zwei
Millionen Dollar Trinkgeld« nachstellt, mag ihr die Vernunft
zwar zu dieser Verbindung geraten haben, doch handelt es
sich deswegen noch lange nicht um eine Vernunftehe. Was
Cage zu dieser Verbindung getrieben hat, entzieht sich unserer Kenntnis; sicher scheint, dass der Herr über mehr Geld
als Verstand verfügt, eine von Frauen allseits geschätzte

Kombination. Überhaupt werden Vernunftehen heute mehr denn je von Frauen angestrebt, was wohl auch damit zu tun hat, dass dank emanzipierter Verhaltensweisen viele von ihnen schon vor der Ehe zu dem Schluss gekommen sind, dass man Männer zwar so nehmen muss, wie sie sind, aber sie auf keinen Fall so lassen darf. Bei dieser harten erzieherischen Aufgabe, bei der mit Rückschlägen immer wieder gerechnet werden muss, ist die Aussicht auf solide Belohnung stets willkommen. Zu einem sicheren Indiz für eine finanziell beflügelte Vernunftehe gehört heute daher unbedingt, dass man später nicht gern daran erinnert wird. Nur die Liebe und der gute Charakter zählen! Völlig urteilsfrei sei hier nur erwähnt, was ein Blick auf die Liste der reichsten Deutschen offenbart: Von den wenigen Frauen, die dort unter den ersten zwanzig aufgeführt sind, hat sich keine einzige ihr Vermögen aus eigener Kraft erwirtschaftet. Aber wenn sie es nicht geerbt haben, wie Susanne Klatten, Tochter des Unternehmers Herbert Quandt, haben sie es sich als Ehefrauen ganz gewiss redlich verdient.

Der Tanz der Moleküle

Wie wir im Zusammenhang mit der Liebesehe bereits gesehen haben, spielen schon von Natur aus bei der Partnerwahl Faktoren eine Rolle, die mit Liebe nichts zu tun haben. Obwohl wir oft glauben, aus dem Gefühl heraus zu handeln, haben Wissenschaftler herausgefunden, dass unsere Gene und Hormone durchaus imstande sind, für das durch Verliebtheit in Mitleidenschaft gezogene Gehirn mitzudenken. Und siehe da: Unsere Urinstinkte sind geradezu rührend um unser Wohlbefinden besorg! So zwingen sie Männer beispielsweise regelrecht dazu, sich nach attraktiven Partnerinnen umzusehen, denn Schönheitsattribute wie glänzende Augen, volle Lippen und makellose Haut gelten als Indiz für gesunde Gene. Ihr besonderes Faible für junge Weibchen verdankt sich dem unbewussten Streben nach einer möglichst fruchtbaren Partnerin. Selbst für die allgemeine Wertschätzung von beachtlicher Oberweite haben Biologen eine logische Erklärung: Große Brüste signalisieren einen hohen Östrogenspiegel, der ebenfalls auf Fruchtbarkeit schließen lässt. Die Vermutung, dass der weibliche Brustumfang mitunter im umgekehrten Verhältnis zur Intelligenzoberweite steht, haben Forscher noch nicht endgültig belegen können, aber der Ur- Mann wird auch das schon instinktiv gewusst und mitunter auch Gefallen daran gefunden haben. Die Männlichen Augen machen jedoch keinen Unterschied, ob die anziehende Oberweite natürlich gewachsen oder von einem Arzt geschaffen worden ist...

Das Frauen bei der Wahl ihrer Partner anspruchsvoller sind, liegt daran, dass sie während der Schwangerschaft und Kindesaufzucht die Hauptarbeit leisten, also gut beraten sind, sich den Gen-Spender sorgfältig auszusuchen, dessen Nachwuchs sie dann eine lange Zeit großziehen müssen. In allen Zivilisationen achten Frauen deshalb mehr als Männer darauf, dass ihr Partner gut verdient, aus annehmbaren Verhältnissen kommt und ehrgeizig ist, dass der potenzielle Versorger also kein Versager ist. Durch Äußerlichkeiten sind Frauen nicht zu beeindrucken: Zwar verheißt eine durchtrainierte und breitschultrige Sportlerfigur Beschützerqualitäten, doch Erfahrung und Intelligenz können im täglichen Überlebenskampf weitaus wichtiger sein. Daher wünschen sich die allermeisten Frauen einen Mann, der etwas älter ist als sie selbst. Er soll seine Familie nicht nur behüten, sondern auch bei der Erziehung des Nachwuchses behilflich sein. Da sind geistige Fähigkeiten allemal wertvoller als bloße Muskelmasse. So gesehen, ist es eigentlich erstaunlich, wie vielen selbstherrlichen Intellektuellen es gelingt, sich Frauen und Kinder vom Leibe zu halten. Aber es erklärt, warum die Damenwelt Goethe und Brecht zu Füßen lag: Die betörende Wirkung des Dichterworts ergibt nicht nur in literarischer, sondern auch in evolutionsbiologischer Hinsicht Sinn. In der Vernunftehe kommt es daher oft zu Paarungen, die auf den ersten Blick merkwürdig anmuten. Ein schönes Beispiel ist Marilyn Monroe und Henry Miller. Doch bei genauerer Betrachtung stellt sich heraus, dass manche Partner sich in ihrer äußerlichen Attraktivität zwar stark unterscheiden, in ihren Fähigkeiten und Möglichkeiten jedoch sinnfällig ergänzen. Wer kennt nicht mindestens eine hübsche junge Frau, die in die Ehe mit einem zwar übergewichtigen, doch dafür auch finanziell abgerundeten Mann eingewilligt hat? Das funktionierende Muster von der

Schönen und dem Biest findet sich auf dem internationalen Gazetten Parkett ebenso bestätigt wie in den schönen Künsten: Winston Churchill, Charlie Chaplin, Alfred Hitchcock oder Gerard` Depardieu konnten sich über mangelnden Anklang beim anderen Geschlecht ebenso wenig beklagen wie der schielende Jean-Paul Satre oder genialische Gnom Elias Canetti.

Damals war alles noch besser

Die gute alte Zeit, in der Ehen aufgrund eindeutiger Aufgabenbereiche, kürzerer Lebenserwartung und fest betonierter Konventionen so sagenhaft viel stabiler waren, liegt allerdings inzwischen mehr als sein Jahrhundert zurück. Zwar heißt es gern, die damalige Heiratspraxis sei seelisch grausam gewesen, dabei war seinerzeit lediglich das Bild von der Ehe ein anderes als heute: Sie wurde nicht idealisiert, sondern galt als Mittel zum Zweck. Statt der modernen Vorstellung von Liebe und Glück in Endlosschleife überwog eine resignative-pragmatische Grundeinstellung: »Gleiches Blut gleiches Gut und gleiche Jahre geben die besten Ehepaare« riet schon jeher der Volksmund. Eine Ansicht übrigens, der sich die heutigen Soziologen nach langem Forschen und Diskutieren nur anschließen können. Während Heirat heute Ausdruck von Individualität ist, war sie früher das genaue Gegenteil. Die Pflicht und nicht die Selbstverwirklichung standen im Vordergrund. Man ging davon aus, dass Eheleute innerhalb der allgemein gültigen Normen und Rollenbilder durchaus glücklich miteinander werden konnten, wenngleich gegenseitiges Wohlgefallen nicht als Ziel, sondern höchstens als angenehme Nebenwirkung galt. Zweck der Ehe war das wirtschaftliche Überleben von Hof, Betrieb oder Geschlecht, die Wahrung von Wohlstand und Nachkommenschaft, der damals einzig bekannten Form von Krankenversicherung und Altersversorgung. Die Ehe war eine Arbeitsgemeinschaft, in die jeder seine geschlechtsspezifischen Fähigkeiten einbringen sollte und in der die Frau sich dem Mann unterzuordnen hatte. Und gerade weil die Institution Familien und Vermögen existenziell miteinander verknüpfte, konnte man etwas so Wichtiges wie die Partnerwahl auch nicht allein den Betroffenen überlassen. Heute wo Familien von Generation zu Generation nur gegründet werden, hängt von der Entscheidung für einen bestimmten Ehepartner nicht mehr Wohl und Wehe eines viel größeren Personenkreises ab. Seit jeher sind Ehen nur in den seltensten Fällen als ein Bund der Liebe bekannt. Es mag vorgekommen sein, die Regel jedoch war es nicht. Es stand immer Pakt und Übereinkommen im Vordergrund, wenn sich zwei Menschen für die

Eheschließung entschieden haben, oder es entschieden wurde. Diese Entscheidungen von Adelsfamilien, Firmengründern und Königshäusern ist essentiell wichtig für das Fortbestehen Ihrer blaublütigen Spezies. Was hier nicht in Herzensdingen zusammen passt, wird eben passend gemacht, wie der Leidensweg von Diana Spencer über Jahrzehnte beschrieb. Würde von heute auf morgen keiner mehr ein Auge auf die Auswahl des Partners werfen, käme dies einer Katastrophe gleich und würde viele Adelshäuser zum Einsturz bringen. Denn so groß und stark das menschliche Herz ist, eins ist noch großer: seine Gebrechlichkeit und seine emotionale Schwäche. In der Politik sind Zweckbündnisse seit je an der Tagesordnung: Ehen von Herrschern, Thronprinzen oder Lokalfürsten wurden bis vor gar nicht allzu langer Zeit selbstverständlich auch unter den Erwägungen geschlossen, was für ein Land gut und richtig schien. Dynastische Fragen, politische Konstellationen und Machtansprüche standen bei der Heiratsdiplomatie stets im Vordergrund. Bis zum Ende des neuzehnten Jahrhunderts ist die europäische Geschichte von solchen Allianzen geprägt. Wenn sich Liebe einstellte, so war dies eine erfreuliche Nebenwirkung, jedoch spielten derlei Erwägungen bei der Gattenwahl keine Rolle. Manche Eheleute waren sich bis zum Tag ihrer Trauung nicht einmal vorher begegnet. Viele sahen sich auch nach der Heirat möglichst wenig. Friedrich der Große würdigte seine Gemahlin Elisabeth Christine, die er »ma vieille vache« (Meine alte Kuh) nannte, auch nach der Hochzeit keines Blickes, aber das Wohltuende für Bewohner von Schlössern wie Sanssouci ist ja, dass man sich tagelang mühelos aus dem Weg gehen kann. So konnte auch Friedrich seiner Frau am ehesten dann respektieren, wenn er ihre Gesellschaft nicht ertragen musste. Klassische Vernunft- und Zweckehen wurden stets zum gegenseitigen Vorteil der Partner geschlossen, ganz wie die Allianzen und Fusionen im heutigen Wirtschaftsleben, bei denen ja auch gern von *Hoch*-zeiten die Rede ist. Vorrausetzung für solche richtigen, nicht nur einseitigen Vernunftbindungen ist, dass beide dem anderen etwas zu bieten haben müssen: Abstammung, Vermögen, Glamour oder Intellekt. Da kann dann ihre Klugheit, Schönheit oder Diplomatie mit seinem Geld oder Ehrgeiz gepaart werden oder sein Pedigree mit ihrer Erbschaft. Das

Ziel ist nicht etwa ein so flüchtiges Gut wie das Glück, sondern eine knallharte, geradezu machiavellistisch anmutende Statusbildung Status-bewahrung. Wer verheiratet ist und Familie hat, trachtet seit je danach, seinen Rang an die nächste Generation weiterzugeben. Die Schwierigkeit dieses Unterfangens machte indes schon Otto von Bismarck zu schaffen: »Die erste Generation schafft Vermögen, die zweite verwaltet Vermögen, der dritte studiert Kunstgeschichte, und die vierte verkommt.« Die Wiederauferstehung und demokratische Ausweitung uraristokratischer Kriterien wie Vorrang, Status und Prestige bescheren der Vernunftehe seit einiger Zeit eine Renaissance, deren Wahrnehmung und Entschlüsselung gerade erst begonnen haben. Auch wenn die Liebesehe das Ideal bleibt, wird von den Eltern der heiratsfähigen Generation sei je und noch immer auf die standesgemäße Verheiratung des Nachwuchses geachtet. Diese drückt sich aus in einem ähnlichen Bildungshorizont, vergleichbarem familiärem Hintergrund und einem gemeinsamen Wertesystem, also einer Beachtung genau der Aspekte, deren Übereinstimmung auch Forscher für dauerhaft stabile Ehen empfehlen.

Jedoch nicht nur die Eltern, auch die Heiratswilligen selbst verordnen sich zunehmend Bindungen, die statt Wärme stocknüchterne Vernunft ausstrahlen. Das liegt nicht nur an der weitverbreiteten materialistischen Haltung, dass Geld immer ein Argument ist und oft nicht einmal das schlechteste. Zur Wiederbelebung alter Kriterien führt vielmehr das Bewusstsein, dass die meisten Ehen inzwischen zum Scheitern verurteilt sind, weil sie auf labilem Liebesfundament aufgebaut werden. Dank ihres Einsatzes könnte es sein, dass es wie in früheren Jahrhunderten wieder vermehrt zu einer pragmatischen Teilung von Herz und Verstand kommt: Wenn Kinder einmal da sind, steht die Familie im Mittelpunkt – mindestens, bis der Nachwuchs auf die höhere Schule kommt und auf eigenen Beinen steht. Die Ehepartner kommen überein, dass die Familie ein wenigstens so wichtiges Ziel ist wie die individuelle Selbstentfaltung, ja dieser sogar gewissen Grenzen setzt. Meist ist es der prunkvolle Rahmen, der dem Privatkunstwerk *Ehe* Glanz verleihen soll. Allerdings ist die Atomsphäre hier deutlich nüchterner als in der konventionellen Ehe. Der modernen Meinung, dass Männer und Frauen einfach nicht zusammenpassen, außer an einer bestimmten Stelle unterhalb der Gürtellinie, steht Paolo Coelhos wunderbare These gegenüber, die besagt, dass jeder Mensch auf der Suche nach seiner anderen Hälfte ist, die ihn perfekt ergänzt. Der Wunsch, *aus zweien eins zu machen* und so die rastlose menschliche Natur zu heilen, haben Romantiker stets als Suche nach der ganzheitlichen, umfassenden Liebe verstanden. Es lässt sich aber auch ganz pragmatisch interpretieren. Wenn man in der Ehe gemeinsam etwas erreicht, was man alleine weder bekommen noch bewahren kann, hat die Verbindung exzellente Chancen. Viele Männer, die gut verdienen, erhalten erst durch die sozialen Fähigkeiten ihre Frau einen Rahmen, in dem sie ihren Wohlstand stilvoll ausstellen können. Umgekehrt ist für manche elegante, ehrgeizige und kluge Frau der weltmännische Partner das Tüpfelchen auf dem »i«. Die Begeisterung über das erreichte Ziel schlägt dann fast immer in Zuneigung um. Der Erfinder Moniere bekräftigte, Liebe sei oftmals die Folge von Heirat.

»Hinter jedem großen Mann steht eine noch größere Frau!« behauptet eine feministische Weisheit, die nicht nur hinsichtlich der oft weiblich geschaffenen Bedingungen für den

Erfolg recht hat, sondern auch, weil Partner sich im Idealfall gegenseitig zum Erfolg beflügeln können. Die alte Weisheit, dass es für eine Ehe immer besser ist, wenn der Mann mehr liebt als die Frau, gilt auch für die Vernunftehe. Frauen sind in der Geschichte stets diejenigen gewesen, die in der Familie des Mannes einheirateten und sich somit aus ihrer eigenen Blutsverwandtschaft lösten, um selbst Nachkommen zu gebären. Immer waren es auch vor allem die Mütter, die ihre Kinder zu vernunftbestimmten Verbindungen drängten. Im Bewusstsein, dass die emotionalen Bedürfnisse sich leichter stillen lassen, wenn die materiellen Bedingungen stimmen. Der Versuch, mit Liebe zu kompensieren, was an Annehmlichkeiten fehlt, funktioniert eben doch nur im Roman. Die rational begründete Ehe ist eine prophylaktische Entgegnung auf die Erkenntnis, dass nichts die Menschen schneller um den Verstand bringt als die Liebe. Doch fast nie kommt der Mensch aus Vernunft zur Vernunft. Er braucht einen guten, also handfesten Grund. Während man den wirtschaftlich als wenig begabt geltenden Frauen hinsichtlich der Wahl ihres Ehemanns gern enorme ökonomische Raffinesse nachsagt, wird von Männern im Allgemeinen nicht angenommen, dass sie des Geldes wegen heiraten. Zahlreiche Ausnahmen bestätigen diese Regel, wie sich am Stammbaum so mancher alten Adelsfamilie ablesen lässt, wo sich just in dem Moment, als dem Besitz der Verkauf drohte, eine Tochter aus begütertem bürgerlichen Haus einstellte. Trennungen sind übrigens bei den Vernunftehen im Verhältnis zu den anderen Beziehungskonstellationen relativ selten, es sei denn, die Partner meinen genug voneinander profitiert zu haben. Oft jedoch ist dieser Beschluss lediglich einseitig und fällt mit der Entdeckung eines anderen Kandidaten zusammen, von dem man sich eine Fortsetzung des Höhenflugs verspricht. Die gute Partie hilft dem, der in Saus und Braus leben will, der gute Name dem, der um gesellschaftliche Anerkennung ringt. Wer um den Familienstammbaum besorgt ist, sieht auf Herkunft und Abstammung. Nach wie vor heiratet Adel aus einem gewissen jahrhundertalten Urvertrauen heraus am liebsten seinesgleichen, auch wenn es selten ist, dass der noble Nachwuchs dies im Interview so ironisch frei und deutlich auf den Punkt bringt wie Albert von Thurn und Taxis, der achtzehnjährig öffentlich verkündete, er würde sich freuen, wenn ihm zwecks Eheanbahnung ein schönes, katholisches, adeliges Mädchen begegnen würde. Mehr noch als Vernunft ist es die normative Gewohnheit, die zu suggerieren scheint, dass Gleich und Gleich in diesem besonderen Fall dauerhafte Stabilität garantiert.

Aber auch die Vernunftehe zwischen Geld und Adel hat bis heute seine Berechtigung, wobei es zwei gängige Modelle gibt, in denen reiche bürgerliche Herren gern adelige mittellose Töchter ehelichen. Dort mischen sich unter historisch klangvolle Familien gern aus Industrie und Warenwelt bekannte Markennamen. So ist zwischen Sekt und Selters für alles gesorgt. Klasse wie Kasse. Als Modernisierungsmerkmal gilt, dass auch Königskinder heute Bürgerliche ehelichen dürfen, die sich zum Beispiel durch ihre Karrieren als heiratswürdig erwiesen haben. Die *Meritokratie** trägt Trauring statt Titel – Beweis für die weitverbreitete Ansicht, dass die Ehe der größten Beförderung gleichkommt. Doch wo Liebe das Salz in der demokratischen Suppe ist, sind rationale Zutaten bei der Brautschau des Hochadels vom Volk nicht gern gesehen. So hat sich manches Königshaus dem allgemeinen Trend zum Gefühl schließlich aus rational kalkulierten Imagegründen angeschlossen: Zur Not muss die Liebe eben geheuchelt werden. So sehr der ein oder andere über die als sehr altmodisch empfundenen Bindungsregeln den Kopf schüttelt, muss man zugeben, dass zumindest der hiesige Adel sich dem bundesdeutschen Trend zur baldigen Scheidung lange Zeit recht erfolgreich widersetzt hat. Das mag ebenso mit einem Verantwortungsbewusstseins als tatsächlicher oder vermeintlicher Elite zu tun haben wie mit der Tatsache, dass Kinder aus stabilen Familien zu bindungsfähigeren Menschen heranwachsen als ihre durch Scheidung und Trennung in Mitleidenschaft gezogenen Altersgenossen. Inzwischen jedoch sind die Sitten auch hier auf den Hund gekommen, Selbst der Adel heiratet heute vornehmlich aus Liebe, und wie leichtsinnig das ist, hat sich bereits gezeigt.

Herz oder Verstand?

Anders, als man glauben sollte, hat das eheliche Vernunft – und Zweckbündnis bis heute überlebt, auch wenn jene, die es praktizieren, dies nur selten an die große Glocke hängen. In Zeiten, in denen Sinn- und Lustgewinn im Focus stehen und die Liebe eigentlich der einzige Grund einer ehelichen Verbindung sein sollte, will man nicht sagen, dass man heiratet, weil das angestrebte Ziel beruflich, gesellschaftlich oder privat besser zu erreichen ist. Weil man vielleicht scharf ist auf das Vermögen oder Erbe der Gattin und diese auf den Titel des Mannes, weil ein Erbe zum Erhalt des Familiennamens oder Unternehmens hermüsse, oder schlicht, weil die Konvention es verlangt? Und doch: Es sieht ganz danach aus, als erlebt die Vernuftehe gerade ihr Comeback. Denn oft sind es ganz einfache Erwägungen, die uns bei der Partnerwahl leiten. Entscheidet man sich eher für den Heißsporn, der zwar besonders anziehend, aber unzuverlässig ist, oder wählt man doch lieber den weniger temperamentvollen, doch liebevollen Kandidaten, der höchstwahrscheinlich einen angenehmeren Alltagsgefährten und besseren Vater abgibt? Ist die launische Schönheit, die ständige Aufmerksamkeit fordert, wirklich diejenige, mit der man sich auch in einigen Jahren noch beim Frühstück etwas zu sagen hat, oder kommt dafür eher die zwar weniger hübsche, doch klügere und kompromissfähigere Gefährtin in Frage? Wenn es ans Nachdenken über die Ehe geht, haben die meisten Menschen ähnlich klare Erwartungen und undeutliche Hoffnungen. Der hormonellen Qual der Wahl steht immer das grundsätzliche Kalkül der guten Ehe gegenüber, das zweckmäßige Ideal von Harmonie und Ausgleich. *Wer passt zu mir?* Neben diesen besonnenen Vernunftkandidaten gibt es jede, die ehrgeiziger lieben, fordernder und anspruchsvoller. Diese Menschen erfüllt es mit besonderer Genugtuung, einen Partner zu haben, der reicher, mächtiger, begabter oder angesehener ist als andere. Das hat auch mit ihrem eigenen Selbstwertgefühl zu tun, für das sie eine komplementäre Entsprechung suchen.

Ob bescheiden oder maßlos vernünftig: Für Otto *Normal*verliebt gilt Berechnung in Gefühlsdingen im Gegensatz zu öffentlichen und politischen Figuren als unschicklich. Wenn es ich bei dem Bund fürs Leben nicht in ersten Linie um einen Bund fürs *Lieben*, sondern fürs Verdienen handeln sollte, muss dies auf jeden Fall verheimlicht werden. Wenn also der Handwerker Sohn sich der Tochter aus reichem Haus zuwendet, tut er dies selbstredend ebenso mit Gefühl, wie er später mit beiden Händen das Geld seiner Schwiegermutter ausgibt. Die Erkenntnis, dass glückliche Familien nicht einfach vom Himmel fallen, sondern dass man mit etwas Pragmatismus und kühler Überlegung dem eigenen Glück nachhelfen kann, setzt sich allerdings immer mehr durch. Vielleicht kommt es wieder zu einer gesellschaftlich nicht nur akzeptierten, sondern geradezu propagierten Teilung von Herz und Verstand. Eine sachliche Ansicht dieser Bindung wäre auch zum Wohle der Kinder, die von beiden Eltern erzogen werden sollten, statt am Wochenende zwischen den mittlerweile verfeindeten Ex-Liebeshochzeitern hin und her zu pendeln. Es ist durchaus möglich, dass die erfolgreichen Paare der Zukunft in erster Linie zusammenbleiben, um die Erziehung ihres Nachwuchses zu gewährleisten, gemeinsam zu repräsentieren, oder ihren Status zu halten. Emotionale Bedürfnisse können auch außerhalb der Familie befriedigt werden. Schließlich ist die Ehe auch ein Vertrag, von dem beide Seiten profitieren sollten – und zwar nicht erst im Scheidungsfall. Es ist eine Ehrlichkeit, ja, fast möchte man sagen: eine Reinheit bei dieser Ehe, die in den zwei vorherigen Beziehungsmodellen: *Liebesheirat und konventionelle Ehe* fehlt – denn nichts wird häufiger geheuchelt als Gefühl. Während die Liebesehe oft und nicht im schlechtesten Fall als Vernunftehe endet, wird die Vernunftehe mit der Zeit nicht selten zu einer Liebesehe. In dieser Hinsicht mach sie ein noch ungenügend erforschtes Naturgesetz sichtbar: Offenbar strebt auseinander was am Anfang mit aller Macht bereit war zusammenzugehören während die Paare, die es mit dem Zusammenwachsen nicht eilig haben, sich schließlich und zu ihrem nicht geringen Erstaunen in enger Umschlingung wiederfinden. Allerdings lässt sich dieser Prozess nicht planen, nur erhoffen. Aber Vorbilder gibt es reichlich. Nicht wenige Ehen, die aus Ehrgeiz und Karriere-Kalkül geschlossen worden sind, verwandeln sich mit den Jahren zu ebenso zärtlichen wie rührenden Trotzbündnissen.

Bei aller Achtung und Sympathie für diejenigen, die auf dem Weg zum Traualtar ihren Verstand nicht vergessen haben, sei jedoch auch ein warnendes Wort erlaubt: Wer auf diesem Weg Karriere machen will und dabei nicht besonderen Dusel hat, braucht Nerven wie Drahtseile und eiserne Ausdauer, Qualitäten also, die einem in der Ehe ohnehin gut anstehen. Ohne Kondition geht es in keiner Branche lange gut, und genau die Ausdauer ist bei unserer romantischen Aussteuer meistens vergessen worden. Wenn man sich schon verkauft, sollten die Bedingungen allerdings angenehm sein: ein Faktor, den panische Nestflüchtige und solche, die ihre biologische Uhr laut ticken hören, oft vernachlässigen. Denn so manche vermeintliche Vernunftehe wird überstürzt geschlossen, um entweder schnellstmöglich auf gesellschaftlich anerkanntem Wege schwanger zu werden, oder um endlich den mütterlichen Argusaugen entgehen zu können. Der Übergang von der exaltierten Verliebtheit zum pragmatischen Liebesalltag wird oft als ernüchternd und enttäuschend empfunden. Doch die Paare, die aus reiner Vernunft heiraten wissen, dass der Stolz und die Dankbarkeit darüber, seinen Partner ergattert zu haben, für die fehlende Schmetterlinge im Bauch mehr als entschädigen können. Welcher Mann genießt nicht die bewundernden Blicke, die der Frau an seiner Seite zugeworfen werden; welche Frau hat noch nie mit dem beruflichen Erfolg ihres Mannes geprahlt? Welches Paar ist nicht stolz auf das gemeinsam Erreichte? Letztlich weiß allein der Einzelne um den wahren, tieferen Grund seiner Eheschließung und wenn wenigstens ein kleines bisschen kühle Überlegung dabei war, darf er sich gratulieren: Damit steigen die Chancen, verheiratet zu bleiben. Denn es sind nicht die schlechtesten Ehen, die zwar vermeintlich aus Liebe geschlossen werden, die sich aber mit der Zeit vor allem aus Vernunftgründen bewähren und glücklicherweise nicht die wenigsten. Einer wissenschaftlichen Studie zufolge sind sechzig Prozent aller Partnerschaften weltweit keine Liebesheiraten. Und es sind diese Verbindungen, die dafür sorgen, dass es um den Ruf der Institution Ehe noch nicht gänzlich geschehen ist. Vernunftehen erzielen wesentlich bessere Ergebnisse als romantische Bindungen. Nicht nur ist die Scheidungsrate solcher Verbindungen

extrem niedrig, sondern mehr als die Hälfte aller Paare verliebt sich sogar im Laufe der Zeit ineinander. Nach fünf Jahren zeigen sich Paare, die aus rationalen Erwägungen heraus
den Bund fürs Leben geschlossen haben, glücklicher als ihr
romantisches Gegenstück. Bei den Romantikern nämlich
steigt nach einiger Zeit auch die Unzufriedenheit mit dem
ehelichen Sex immer mehr, reibt man sich an Kleinigkeiten
auf und gibt jeder dem anderen die Schuld daran, dass aus
Liebessegen Stress geworden ist. Doch den Weg ins große
Glück einer erfüllten Partnerschaft vermag auch die Vernunftehe nicht immer zu gehen. Denn auch hier droht die
Gefahr der übergroßen und dann enttäuschten Erwartung.
Mütter, die ihren Töchtern versichern, die Liebe werde sich
im Laufe der Ehe schon noch einstellen, verschweigen meist,
dass auch das größte Haus, die schönsten Kleider und die
entzückendsten Kinder nicht über die Trübsal der Einsamkeit hinwegzuhelfen vermögen.

Scheiden tut weh

Die Ehe mag heilig sein; die Menschen sind es nicht. Und weil es manchmal nicht nur anstrengend, sondern unmöglich ist, Tag um Tag, Jahr um Jahr ein Wunder zu leben, hat Vater Staat vor den zweiten Versuch jeweils die Scheidung gesetzt. Diese dient in der Theorie dem gesitteten Auseinanderdividieren von gemeinsamen Hab und Gut. In Wirklichkeit aber ist manche Scheidung so traumatisierend, dass zumindest einer der Betroffenen anschließend ein für alle Mal von der Ehe kuriert ist. Denn jetzt enthüllt die vormals bessere Hälfte oft ihre schlechtesten Seiten. Das belegt, dass vielleicht aus Liebe geheiratet, aber um des Geldes Willen geschieden wird. Diese finanziellen Rachezüge sind eine Errungenschaft des zwanzigsten Jahrhunderts, in dem Frauen unter anderem begriffen haben, dass der wundeste Punkt so manches Mannes sein Portemonnaie ist. Zaza Gabor bemerkte einmal sehr treffend: »Man kennt einen Mann erst richtig, wenn man sich einmal hat von ihm scheiden lassen.«

Während jede Krankenkasse heutzutage Profile ihrer Mitglieder erstellt, und er gläserne Mensch dank Konteneinsicht, Videoüberwachung, Telefonmitschnitten und Internet vom Staat entblößter dasteht als in der eigenen Dusche, überprüft kein Standesbeamter, ob zwei Menschen auch nur annähernd zusammenpassen, ob ihre Ehe überhaupt gesundheitlich zumutbar, psychologisch annehmbar und gesellschaftlich vertretbar ist. Erst wenn es darangeht, den zum gordischen Knoten gewordenen Bund fürs Leben zu zerschlagen, setzt sich die behäbige Gesetzesmaschinerie in Gang. Da werden Paartherapeuten bemüht und Ärzte konsultiert, die noch an Migräneattacken und Herzrhythmusstörungen die Zerrüttung ausmachen können. Eine Ehe gilt vor dem Gesetz als gescheitert, wenn die Lebensgemeinschaft der Ehegatten nicht mehr besteht und nicht erwartet werden kann, dass sie wiederhergestellt wird. Wenn beide bei der Scheidung zustimmen, wird das Misslingen nach einjähriger, wenn einer sich sträubt, erst nach dreijähriger Trennung geschieden. Damit wird der Satz: »Ich erkläre Sie hiermit zu Mann und Frau« mit der Floskel »Sie sind nun rechtskräftig geschieden.« praktisch wieder zurückgenommen. Für die Betroffenen kentert damit oft ein ganzer Lebensentwurf, der beschauliche Traum von Haus, Kindern und Hund. Die Aussicht auf viele gute und wenige schlechte Tage und die Hoffnung, dass Liebe weiterwächst. Stattdessen heißt es: Mangelhaft! Sitzengeblieben! So wird das einstige Paar zu geschiedenen Leuten und bekommt just den gesellschaftlichen *Single* oder *Ex* Stempel auf die Stirn gedrückt. Doch um in den neuen Beziehungsstatus *nach* »verheiratet« kommen zu können, bedarf es nun mal der Scheidung. Egal, ob nach ihrer Überwindung das schon vorbereitete neue Liebesglück mit einem anderen winkt oder die Einsamkeit. Eine Scheidung bringt immer Vorwürfe, Auseinandersetzungen und Verletzungen mit sich, aus denen sich so Jener lange oder nur sehr schwer wieder erholt. Forscher, welche die Zahl der Männer, Frauen und Kinder hochrechneten, die eine Scheidung durchlitten haben, sind zu dem brutal anmutenden Befund gekommen, dass Scheidungen inzwischen sogar mehr Menschen in Mitleidenschaft gezogen haben als die schlimmsten Seuchen. Mehr als Cholera,

Pest und Malaria. In der Tat haben Scheidungen oft die Wirkung eines Virus: Wer einmal infiziert wurde, steckt seine Nächsten leicht damit an. Kommen wir auf den Freundeskreis zurück, mit dem man noch letzten Sommer gemeinsam im Garten Bier getrunken hatte. Die Männer fröhlich am Grill stehend, die Frauen plappernd in der Küche lehnend. Ist eines dieser Paare getrennt, bröckeln auch bei den anderen plötzlich die Fassaden. Die Erkenntnis und die schleichende Unzufriedenheit, die jeden Tag mehr und mehr in einem hochkriecht, erscheint uns wie ein mahnender Fingerzeig, wenn man ein Paar genauer betrachtet, dass sich gerade trennt. Man erkennt plötzlich darin Verbündete mit Verständnis und einem offenen Ohr für die eigenen Sorgen. Hier erkennt man einen Status den mancher Ehemann oder Ehefrau sich nach langjähriger Ehe und in vielen Situationen, herbeisehnt. So kommt es, wie es kommen muss. Der »Brand-New-Single« wird zum Beichtstuhl und Berater für die eigene Unzufriedenheit. Das Verlangen und der Entschluss, auch mal Single Luft schnuppern zu wollen, verstärken sich von Tag zu Tag. Die Teilnehmer des Grillabends vom letzten Sommer reduzieren sich oftmals von Jahr zu

Jahr. Bis nur noch wenige von Ihnen übriggeblieben sind. Es sind Jene, die an ihrem Traum von der *Neverending Story* festhalten. Von allen Gründen, die gegen die Ehe sprechen, ist die Scheidung deshalb einer der Wichtigsten. Denn an Trennungsgründen mangelt es schließlich nie. Aber aufgrund der vielen Hoffnungen und Ziele, die mit der Einrichtung der Ehe verbunden sind, traumatisiert eine Ehescheidung die Partner fast immer stärker als das Zerbrechen einer Beziehung ohne Trauschein. Zwar verhält es sich auch hier wie so oft im Leben: Beim ersten Mal ist es am schlimmsten. Danach verliert sich der Schrecken der Trennung, und man bekommt Routine darin. Narben bleiben trotzdem. Der Zusatz *Ex* vor dem Mann oder der Frau hält etwa so wie ein Tattoo, ein Leben lang.

Achtung Gegenverkehr!

Auf die Frage, was das Leben ausmacht, lautet die häufigste Antwort: Lieben und geliebt werden. Doch wie wir im Laufe dieses Buches erfahren haben, läuft jede Beziehung und jede Ehe in Gefahr, in zerstörerischer Langeweile zu enden. Noch viel gefährlicher ist es, wenn sich nur einer von Beiden langweilt. Wer je innerhalb einer Liebesbeziehung an einen anderen Menschen liebevoll gedacht hat, weiß, dass jedes noch so kleine Vakuum, das man eher zufällig mit Gedanken an eine bestimmte andere Person gefüllt hat, sich schnell zu einem klaffenden Loch ausbreiten kann. Der Wandel vom sympathischen Interesse zur Erwartung, vom gedanklichen Umkreisen zur lediglich eingebildeten oder wahrhaftig empfundenen Verliebtheit kann sich binnen kürzester Zeit vollziehen. Bereitwillig lässt sich der gelangweilte, unterforderte oder rastlose Mensch in eine Verführungshysterie treiben, die er selbst angezettelt hat und in der er dann nur noch nach der Person trachtet, die er in dem Moment zu entbehren meint. Das Verständnis für diese Sehnsucht, sich mit einem neuen, fremden

Liebesvirus zu infizieren, trotz fester Bindung ab und zu ins Frühstadium der Liebe zurückzufallen, ist die beste Voraussetzung für eine Dreiecksbeziehung und somit auch die sogenannte Ehe zu dritt. Das Verbotene zieht uns unwiderstehlich an – und dank unserer komfortabel ausgestatteten Leben können wir immer mehr Energien erübrigen, die dafür sorgen, dass es nicht nur beim Träumen vom Unerlaubten bleibt. In einer Zeit, die keine Tabus mehr kennt, erscheint die Aufforderung: *Träume nicht dein Leben, lebe deinen Traum!* eher als Frage des Willens als der Möglichkeiten. Das Ausbrechen aus der *normalen und strukturierten* Ehe, die Tag für Tag so vorhersehbar geworden ist, zieht uns magisch an und lässt in uns ein Gefühl wachsen, als wären wir wieder jung und ohne jegliche Verpflichtungen. Alle Wünsche und Träume, die wir im Laufe der Jahre tief vergraben haben, schlüpfen aus Ihren Erinnerungsschubladen und besetzen die emotionalen Bereiche unseres Gehirns. Diese Gedanken und Sehnsüchte finden erst einmal nur in unserem Kopf statt und sind somit etwas, was für den Anfang nur uns allein gehört. Nun ist der Ehebruch kein schönes Wort, doch der Tatbestand, den es bezeichnet, liegt der Ehe zu dritt gewissermaßen zugrunde. Der einzelne Ehebruch mag zwar die Ausnahme sein – dass er vorkommt, ist nichtsdestotrotz die Regel. Mit einer neuen Leidenschaft trösten wir uns über die Langeweile mit dem einst begehrten Partner hinweg. »Lust auf was Neues« ist Umfragen zufolge der häufigste Grund fürs Fremdgehen. Übersprunghandlungen und Ersatzbefriedigungen zur kulturellen Einbettung der biologischen Bedürfnisse – wie zum Beispiel der weibliche Schuh- und Kosmetikkauf oder das männliche Tüfteln an Modelleisenbahnen und ferngesteuerten Autos. Schweißtreibende Ermüdungsversuche im Sportstudio und die plötzliche Begeisterung zum Golfsport, helfen da nur bedingt. Damit der aufgeklärte Alltag also nicht in ein lustloses Einerlei übergeht, erscheint irgendwann ein Dritter auf der Bildfläche, mit dem die Liebe zur Abwechslung einmal nicht wie Schwerstarbeit erscheint. Früher hielt man sich die Geliebte, die das Herz so erquickte, als eine Art Seelentherapie. Eine Entscheidung, für die Herzdame und gegen den heimatlichen Hafen musste damals nicht zwingend getroffen werden. Aufgrund der klaren Rollenverteilung konnte der

Mann tagsüber der einen Frau den Hof machen und abends als treusorgender Ehemann am liebevoll gedeckten Tisch sitzen. Früher wurde zu Hause gezeugt und anderswo geliebt. Heute dagegen hat die Liebe exklusiv zu sein; inzwischen gehören Erotik und Gefühl untrennbar zusammen. Wer diese Bereiche dennoch trennt, begeht ein Verbrechen, dass Monogamisten seit Jahrhunderten fürchten wie der Vampir den Knoblauch.

Für 91 Prozent der Frauen und 86 Prozent der Männer, die sich in Umfragen dazu geäußert haben, ist Treue für eine erfüllte Partnerschaft extrem wichtig. Fast die Hälfte aller Frauen und mehr als 80 Prozent der Männer behaupten allerdings auch, ihrem Partner schon einmal untreu gewesen zu sein. Doch obwohl die Sehnsucht nach Abwechslung hiermit fast bestätigt wird, wird sie auf persönliche Nachfrage hin stets abgestritten: Ich doch nicht! So etwas machen nur die anderen…

Weil die genaue Unterscheidung zwischen der gewöhnlichen, vertuschten Bett- und der offiziellen nebenehelichen Liebesgeschichte für die *Ehe zu dritt* ein wesentlicher Bestandteil ist, sollen gewisse praktische Erwägungen nicht ganz außeracht gelassen werden. Woran also merkt man, dass der Partner eine Affäre hat?... Vergessen sie herkömmliche Indizien wie erhöhte Handyrechnungen, angeblich verlegte Kreditkartenbelege, Büroarbeit bis in die späten Abendstunden und auffallende Lustlosigkeit im heimischen Bett! Der schlaue Fremdgeher wird hierfür stichhaltige Erklärungen parat haben. Man achte stattdessen auf unerklärlichen Gewichtsverlust und ein verstärktes Interesse am Aussehen – Männer in mittleren Jahren beginnen, sich die Haare zu tönen, schwarze Hosen und, in schlimmen Fällen, sogar schwarze Hemden zu tragen. Ganz naive Herren überführen sich selbst, indem sie erstmals in Eigenregie die Waschmaschine betätigen. Frauen geben derweil für einen Hauch von seidigem Nichts stattliche Summen aus und tragen mit einem Mal wieder Spitzenwäsche, wie ihr Gatte sie wahrscheinlich seit langem nicht mehr an ihnen gesehen hat. Männer wie Frauen gehen ins Solarium, bis die Dauerbräune zum Dauergrinsen passt. Dazu riechen beide Geschlechter auffallend frisch parfümiert. Beide Ehepartner sind um die Mittagszeit oder am frühen Abend trotz Handys und anderer technischer Fußfesseln kaum mehr zu erreichen. Sekretärinnen erklären, der Chef sei bei einem Meeting oder beim verlängerten Lunch; Kindermädchen schwören, die Dame des Hauses sei beim Friseur oder müsse noch schnell was besorgen.

Zur großen Überraschung des Ehepartners zeigen Männer wie Frauen lebhaftes Interesse an neuen Hobbys. Frauen reden plötzlich von Wandertouren, lesen die *Financial Times* oder warten bei den Abendnachrichten erstmals die Bundesliga-Tabelle und deren Ergebnisse ab. Männer besuchen auf einmal interessiert Galerien und Museen und blättern in Mode-magazinen ihrer Frauen, ohne sich über deren thematische Eintönigkeit zu beklagen. Außerdem nehmen sie unter der Woche für den Weg ins Büro nie mehr die Familienkutsche, sondern (falls vorhanden) den flotten Zweitwagen. Sollte dieser nicht vorhanden sein, wird plötzlich die Liebe zum Fahrrad wiederentdeckt. Bestellte Hotelführer weisen Gebrauchsspuren auf, obwohl kein Urlaub in Sicht ist. Fortbildungen, Seminare und Tagungen umfassen mit einem Mal mindestens eine Übernachtung. Kochkurse werden belegt, ohne dass daheim nennenswerte kulinarische Erfolge zu verzeichnen sind. Sind die *Betrüger* zusammen in einem Raum, erkennt man sie daran, dass sie einander kaum begrüßen und sich höchstens verstohlene Blicke zuwerfen. In Restaurants handelt es sich meist um die Pärchen in den dunkleren Ecken, die wenig essen und reichlich trinken, Händchen halten, viel lachen und sich beim angeregten Gespräch tief in die Augen blicken. Kein Zweifel! Anständig verheiratete Leute benehmen sich nicht so!

Aber warum ist der Ehebruch, der doch so alt ist, wie die Institution Ehe selbst, heute trotz Aufgeklärtheit so häufig immer noch Grund zur Trennung? Den Vertrauens- und Vertragsbruch, der ihn ausmacht, trägt er bereits im Namen. Manchmal ist er tatsächlich nicht mehr als eine kurze, belanglose Affäre. Ein *One-Night-Stand* als erfreuliche kleine Flucht von den Gewohnheiten. Mehr nicht. Aber in unserer romantisch aufgeladenen Gefühlskultur scheint es selbst den Männern immer schwerer zu fallen, ihre Gefühle mit den Schuhen vor dem Zubettgehen abzustreifen. Die Trennungsgrenze zwischen dem wahren Leben mit Frau und Kindern und einem neuen Menschen, der mit einmal mal zu einem Ort der Entspannung, Wärme, Freundschaft und Begehren geworden ist, verwischt mit der Dauer der *Nebenbeziehung* immer mehr und lässt sich nicht mehr so einfach ausknipsen, wie einen Fernseher. Ein verbrachter Moment und die damit verbundenen positiven Gefühle hallen auch dann noch nach, wenn man sich eigentlich wieder auf das konzentrieren sollte, was einem im Leben irgendwann einmal als das Wichtigste erschien. Wir sprechen hier nicht, von Männern und Frauen, die sich ab und an eine schnelle Befriedigung holen und dieses Vergehen als reine *Triebsache* entschuldigen, da sie ja nicht mit dem Herzen dabei waren. Wenn diese Partner es klug angehen und sich nicht erwischen lassen, kann ihre Ehe auch ein Leben lang halten. So nach dem Motto: »In einer guten Ehe ist er immer ein bisschen taub und sie immer ein bisschen blind…« Dass eine Dreiecksbeziehung mehrheitlich aus der uralten Konstellation Mann, Frau und Geliebte besteht, hat neben psychologischen auch klare biologische und evolutionäre Gründe: Während die meisten Männer den Gedanken, ihre Frau könne mit einem anderen Mann schlafen, viel schlimmer finden als die Vorstellung, sie könne sich in einen anderen verlieben, können Frauen über eine längere Schwärmerei eher hinwegsehen, als über eine körperliche Vereinigung mit einem Menschen, der nicht aussieht wie ihr Spiegelbild. Dass Männer genauso wie Frauen, nicht an der ehelichen Gemeinschaft und den gemeinsam erreichten Zielen festhalten, sondern erotischen Momentaufnahmen oder zeitweisen Ausbrüchen des Partners eine so starke Gewichtung geben, mag viel mit der gesellschaftlichen Norm und dem dominanten Gefühl des Verrats am eigenen ich liegen.

Dennoch verlieren am Ende in den meisten Fällen alle drei. Ist es das wirklich wert? Eigentlich nicht, wenn man bedenkt, wie viel Leid eine Trennung oder Scheidung fast immer mit sich bringt. Vor allem für die gemeinsamen Kinder! Warum schaffen die meisten Paare es nicht, der Ehe mehr Raum in ihrem Herzen zu geben, als ihrem eigenen Stolz? Der Grund dafür ist, dass diese Einstellung von beiden Partnern ein hohes Maß an Reife und Gelassenheit fordert, die in den meisten heutigen Ehen leider noch nicht zu finden sind. So zerbrechen die meisten Partnerschaften ob kirchlich getraut oder als »gsch´ lamperts Verhältnis«, wie man in

Bayern zu sagen pflegt, von heute auf morgen - wie die Tassen, die nach einer entdeckten Liebschaft, an der Wand zerbersten. Besitzanspruch ist hier das magische Wort, das uns glauben lässt, ein Mensch sei untrennbar mit uns verbunden, nur weil uns einst die große Verliebtheit verband. Wir erwarten, dass die Opfer, die wir für eine Beziehung oder Ehe bringen, immerzu in einer Schublade aus Wertschätzung und ewiger Dankbarkeit verweilen. Umso größer ist daher der Schmerz im Augenblick des Entdeckens der Untreue. All unser Tun wird nunmehr derart mit Füßen getreten, so dass wir den Boden verlieren. Das starke Gefühl geliebt zu werden, verschwindet von einem auf den anderen Moment und uns wird grausam bewusst, dass nun eine Zeit auf uns zukommen wird, in der wir wichtige Entscheidungen werden treffen müssen. Dazu kommt, die Angst vor der Zukunft, die uns die Luft zum Atmen nimmt. Horrorszenarien fangen an, sich langsam aber stetig aufzubauen und fressen sich in unsere Gehirnwindungen, so dass es uns nicht möglich ist, Ruhe oder Konzentration zu finden. Und so entsteht der alles entscheidende Gedanke, in dem uns klar wird, dass es keinen anderen Ausweg als die Trennung mehr gibt.

Was den untreuen Part dieser Ehe angeht, kann es ihn durchaus irgendwann reuen, eine so bedeutsame Sache wie die Ehe für eine bedeutungslose Liebschaft aufs Spiel gesetzt zu haben, doch besteht oft die Schwierigkeit, dies dem fassungslosen Gegenüber, glaubwürdig zu vermitteln. Und so stolpern heute viele Ehen nicht über die große Liebesgeschichte, sondern lediglich über eine vergleichsweise harmlose Affäre. Wenn sich jemand Hals über Kopf verliebt hat und mit diesem Menschen ein neues Leben beginnen möchte, ist das eine Sache. Dagegen zu argumentieren ist sinnlos. Denn so demütigend und schmerzvoll diese Tatsache auch für den Partner und die Familie auch sein mag. Gegen die Liebe ist nun mal jede Vernunft machtlos. Wenn aber jemand nur auf Entladung sexueller Spannung aus war und von sich aus nicht im Traum daran denken würde, den Ehegatten zu verlassen – warum lässt er die Gespielin oder den Lover nicht einfach sausen, wenn es brenzlig wird? Meist sind es die Männer, die sich benebelt von Glückshormonen und sexueller Anziehung, in ausweglose Situationen manövrieren, aus denen sie sich nur noch mit einem Geständnis befreien können. Immer wieder frage ich mich, warum es Männern so schwerfällt, einen Fehltritt zuzugeben, in dem sie sich vor ihren Frauen auf die Knie zu werfen, sie um Verzeihung bitten, Besserung geloben und die Nebenbuhlerin zu verlassen. Mit dieser Geste könnte so manche Ehe gerettet werden, weil so das Ego des Gekränkten geheilt wäre, da er somit Vertrauen beweist und es eine Chance gibt, mit dem Nebenbuhler Auge in Auge in den Kampf zu gehen. Dies mag sich nach Aggression anhören. Nach weiblichen Auseinandersetzungen. (Warum muss ich gerade an Schlammcatchen und Haare ziehen denken; oder das Duellieren mit Anzug und Zylinder?) Nein, ich spreche vom überlegenen Kampf des betrogenen Partners, der in solch einer Situation souverän die Vorteile auszuspielen vermag. Eines der sichtbarsten Fesseln der Ehe, nämlich den glänzenden Ring am Finger, streift man so schnell nicht ab. So lange er noch keinen weißen Streifen am Finger des Treulosen hinterlassen hat, ist noch alles gut.

Die gemeinsamen Kinder sind jedoch immer noch das stärkste Band für den Zusammenhalt. Um sie nicht in einen

Abgrund des Schmerzes zu stürzen, tun Eltern fast alles, das Leid möglichst von ihnen fernzuhalten. Natürlich gelingt das nur eine gewisse Zeit. Irgendwann, wenn der Krug am Brunnen endgültig zerbrochen ist, müssen sich auch die Sprösslinge irgendwann der unausweichlichen Wahrheit stellen, dass ihre Familie zerbrochen ist. Derjenige, der vorhat zu gehen, ist sich jedoch durchaus bewusst, dass er seinen allergrößten Schatz, seine Kinder, im Falle einer Trennung, nur noch alle 14 Tage ins Bett bringen darf. Er weiß, dass er in Gefahr läuft, dass ihn seine Kinder vorübergehend dafür hassen werden, dass er alles kaputt gemacht hat. Den neuen Partner an der Seite des Ausreißers, werden sie ebenfalls hassen. Spätestens, wenn seine Gedankenschleifen beim Finanziellen angekommen sind, wird er seine Hormone zum Meeting bitten und ernsthaft darüber nachdenken, ob ein paar lange Beine, und eine vorübergehende Sehnsucht, dieses Opfer wert ist. Dieser Prozess kann dauern! Wenn der Betrogene jetzt emotional stark bleibt und fähig ist, abzuwarten bis der Betrogene seine endgültige Entscheidung gefällt hat, ob er bleibt oder geht, hat zumindest eine 50/50 Chance zu gewinnen. Wer dagegen in dieser äußerst sensiblen Zeit, täglich die Messer wetzt, ohne dabei an das Kochen zu denken, wird dem entscheidungssuchenden (Noch)Partner unbewusst die ersehnte Antwort liefern, und ihn schneller in die Arme der dritten Person laufen lassen, als ihm lieb ist. Viele Fremdgeher nehmen das Verhalten der eifersüchtigen und streitsüchtigen Noch-Partner in dieser sensiblen Zeit nämlich als plausiblen Grund, um die Aussage zu rechtfertigen: »Du hast mich ja praktisch in die Arme der anderen getrieben!«

Der Grund für ihr oftmals übertriebenes Verhalten ist, dass eine Frau fürchten muss, dass sie ihr Gatte mit dem Nachwuchs sitzen lässt, wenn er sich in eine andere Frau verliebt. Der Mann dagegen will sicher sein, dass er nicht den Nachwuchs eines Konkurrenten aufziehen muss. Diese Gefahr besteht aber erst dann, wenn seine Frau mit dem Rivalen nicht nur flirtet, sondern auch mit ihm ins Bett geht. Wie Psychologen festgestellt haben, fällt es Männern viel schwerer als Frauen, einen Seitensprung zu verzeihen. Ihre erste Reaktion besteht meistens darin, die Beziehung zu beenden. Verbale Verletzungen sind bei einer gekränkten Frau hier meist an der Tagesordnung. Sexuelle Eifersucht ist das häufigste Motiv beim Mord des Ehemanns an seinem Nebenbuhler oder seiner Gattin – Eine weltweite Untersuchung hat ergeben, dass die Untreue der Frau für Männer der wichtigste Scheidungsgrund ist; allein in Deutschland geben 35 Prozent aller Männer dies als Grund an. Für die Frau ist die Geliebte ihres Mannes also offenbar leichter zu ertragen als der Lover seiner Frau für den Ehemann. Liebe, Treue und Verrat ergeben jedoch immer eine explosive Mischung, die sehr teuer werden kann. In den allermeisten Fällen führt die Entdeckung einer ausführlichen ehelichen Untreue zur Trennung und letztendlich zur Scheidung. Aber im Grunde ist sie nur der *Auslöser* warum Paare auseinandergehen. Denn meistens wird erst dann zur Seite gesprungen, wenn die Leidenschaft Abschied genommen hat. Hat sich das anfängliche Kribbeln erst mal verflüchtigt, erscheint der Blick auf den eigenen Partner zwangsläufig nur noch aus Gewohnheit, wie das Glas *Nutella*, dass man täglich morgens aus dem Schrank holt. Man weiß was drin ist und wie es schmeckt, aber die Aufschrift hat man seit Jahren nicht mehr bewusst gelesen. Oder wissen Sie auf Anhieb, welcher der

Buchstaben rot ist? Sehen sie! So ist es leider auch in einer langjährigen ehelichen Gemeinschaft. Daher kommt auch der Satz: »Man lebt nur noch nebeneinander her« Und so ist es meist unausweichlich, dass sich unser Gemüt und unsere erotischen Vorstellungen irgendwann ein Ziel suchen, dem man wieder bewusst in die Augen blickt und der unsere Sehnsüchte wieder zum Leben erweckt. Sicher: *Variatio delectat**. Aber wenn er uns so viel Ärger einbringt – warum neigen wir überhaupt zum Seitensprung? Der Grund ist erschreckend banal: Ehebruch verheißt Risiko, was einen plötzlichen Ausstoß an Adrenalin mit sich bringt. Es gibt Anthropologen, die überzeugt sind, dass Menschen schon aus dieser Sehnsucht nach Abwechslung und Aufregung den Krieg erfunden haben. Daneben ist der Ehebruch vergleichsweise harmlos. Doch selbst wenn Leidenschaft sich selbst heiligt, weil sie eine der stärksten Empfindungen ist, deren wir fähig sind, so ist sie doch keine von Dauer – sondern immer ein Ausnahmezustand. Darum fällt es so schwer, zwischen Normalität und Leidenschaft zu unterscheiden. Wir möchten Beides! Die über Jahre hinweg gefestigte Verbindung um dem Leben einen geordneten Rahmen zu geben. Aber auch das leidenschaftliche Kribbeln im Bauch, mit dem man zu einem heimlichen Rendezvous geht. Es erscheint umso vieles romantischer als die Heimkehr in die eheliche Wohnung, wo der Partner bereits vor dem Fernseher eingeschlafen ist.

Die Tatsache, dass die Untreue in vielen Fällen, wenn sie entdeckt wird, tragische Folgen nach sich zieht, wie die Auflösung einer bis dahin harmonischen Partnerschaft oder Ehe, macht sie perverser Weise auch zu einem großen emotionalen Erlebnis: Von heute auf morgen wird wieder miteinander kommuniziert, wenn auch selten harmonisch. Die jahrelangen gemeinsamen Schlafplätze werden gegen Sofas oder Matratzen im Keller getauscht. Vernachlässigte Freunde werden aktiviert und damit auch die Mitteilungsbereitschaft. Es ist plötzlich wieder was los in dem so trist gewordenen Leben. Man kann wieder mit Freunden ein Bier trinken gehen, ohne ein schlechtes Gewissen der häuslichen Pflichten gegenüber haben zu müssen. Die Meinung des Anderen wird in den Hintergrund gestellt, Vorlieben für Musik, Fernsehsendungen und Klamotten treten stattdessen in den Vordergrund. Das eigene Ich wird wieder aktiviert. Die

Motive, die zum Betrug führen, sind weniger wichtig als der Akt, der ihn ausmacht: Für viele gerade ältere Männer kommt er, bewusst oder unbewusst, einem Auflehnen gegen die eigene Vergänglichkeit gleich. Er bedeutet eine Zeitreise in die Jugend. Die sinnliche Erinnerung an Zeiten, in denen noch alle Wege offenstanden und das Leben noch voller Möglichkeiten bestand. Das jedoch nicht nur in erotischer Hinsicht. Es hat etwas Beflügelndes. Oft ist der für alle Beteiligten traurigste Fall gerade jene letzte Affäre, die sich jemand gönnt, bevor er sich anschickt, ein ernsthafter gesetzter älterer Herr zu werden. Gebildete, elegante und würdevolle Männer haben ihre grandiosen Frauen verloren, weil sie es nicht fertigbrachten, der jungen Geliebten rechtzeitig den Laufpass zu geben. Solche Fälle haben etwas Tragisches, weil die Männer oft zu spät erkennen, dass die Zukunftsaussichten mit der Geliebten, in den wenigsten Fällen ein positives Ende nehmen. Oft hat die dritte Person in dieser Ehe nicht den gewünschten Status. Das heißt, dass die *Trennungsgründe* im Grunde keine Chance haben, als neuer Partner oder 2.te Ehefrau aus der Liaison hervorgehen, sondern meist nur die Zündschnur für die große Explosion sind, die nach Entdeckung ihrer Liebschaft folgt. Zu groß ist der emotionale Druck, der nun auf den beiden Turteltauben liegt. Die einst entspannenden, heimlichen Treffen verlieren mit einem Mal ihre Magie. Jetzt treten andere, wichtigere Beschäftigungen in den Vordergrund. Da muss nun mit dem Ex-Partner diskutiert und die Kinder beaufsichtigt und im Zuge der Gegebenheiten beruhigt werden. Der gemeinsame Freundeskreis teilt sich anfangs in »er« oder »sie« auf, bis er sich bis auf einige Wenige komplett verflüchtigt. Viel Zeit für den *Trennungsgrund* bleibt hier nicht mehr. Am Ende gehen alle getrennte Wege: Der Betrogene, welcher nur noch Verachtung übrighat, für die unendlich hinausgezögerte Affäre; der Nebenbuhler, der spürt, dass bei der Liaison, das Begehren im Vordergrund stand, und der Fremdgeher, der allein übrigbleibt und dem diese wenig erbauliche Erfahrung die Lust auf weitere Eskapaden gründlich vertrieben hat. Der oft frappierend große Altersunterschied bei späten männlichen Amouren hat auch mit einer alten Erkenntnis zu tun: Männer möchten die erste große Liebe einer Frau sein; Frauen die letzte große Romanze eines Mannes. Für beide besteht dazu in einem gewissen Alter die letzte Chance. Da die meisten Männer eher schwach sind, die Liebe oder ihre Illusion sie aber stark macht, sehen sie im Werbungsritual zu Frauen, die ihnen attraktiv erscheinen eine Herausforderung. Doch gehen erfolgreiche Männer, die sich und anderen längst bewiesen haben, wozu sie beruflich in der Lage sind, souveräner damit um, als eher schlichte Gemüter wie zum Beispiel der Leinwand Gigolo „Monaco Franze", der auf der lebenslangen Suche nach ständig neuen, jungen Mädchen war, die ihm die, in seinem Alter, erforderliche Dosis *Bestätigung* gaben, noch potent zu sein. Männer fortgeschrittenen Alters sind nicht mehr auf der Suche nach Betthasen, sondern nach etwas Besonderem. Da sie fast ausnahmslos bereits außergewöhnlich faszinierende, schöne und kluge Ehefrauen haben, sind es nur wenige Damen, die ihre Aufmerksamkeit tatsächlich fesseln können. Dann aber lassen sie sich bei ihrer Eroberung durch nichts einschüchtern oder aufhalten, auch nicht durch ihrerseits noch bestehende Ehemänner, Liebhaber oder berufliche Verpflichtungen. Der einzige Grund, der in diesem Werbungsritual ein Hindernis darstellt, sind Kinder, vor allem, wenn sie noch klein sind. Hier wird das Gewissen immer wieder hinterfragt, ob diese Beziehung es wirklich wert ist, wenn die Gefahr besteht, dass der eigene oder ihr Nachwuchs, durch sein Verschulden, so darunter leiden könnte, dass man es sich im Falle einer Trennung, nicht verzeihen könnte.

Hohe Schule: Die Ehe zu dritt

Mit herkömmlichen Affären und Seitensprüngen darf die echte *Ehe zu dritt* keineswegs verglichen werden. Ohne Zweifel scheitern viele Ehen an diesen Verhältnissen. Man sollte nicht ungerecht sein: Es sind auch schon sehr schöne Verhältnisse an der Ehe gescheitert. Manchmal gehören zu einer glücklichen Ehe tatsächlich mehr als zwei Personen, wie schon Oscar Wilde vermutete. Mit der Ehe zu dritt ist nämlich kein Arrangement gemeint. Bei der Ehe zu dritt muss die Beziehung der beiden Ehegatten unverrückbar im Zentrum stehen, als Sonne um die im gehörigen Abstand dritte Person höchstens als Planeten kreisen können. Denn die Ehe zu dritt meint nicht die offene Ehe: Diese ist oft genug lediglich das bittere letzte Stadium vor der endgültigen Trennung und Scheidung. Die Ehe zu dritt ist keine Beziehung im Sinne eines entweder oder, sondern eine Liebe des Hier und Jetzt. Was sie seit je schwierig bis unmöglich macht, ist die Forderung, dass sie als *veritable Menage a Trios*, also als Liebe zu dritt, gelebt werden soll. Diese nicht ganz handelsübliche Beziehung *plus*, mag eine vor allem unter Männern verbreitete Phantasie sein, doch in der Realität geht irgendwann meist eine Zweierbeziehung daraus hervor, für die einer der Eheleute zwangsläufig auf der Strecke bleiben muss – oder alle drei. Eine Ehe jedoch, die solche Widrigkeiten gemeinsam überwindet kann noch ganz andere Herausforderungen meistern. Die Ehe zu dritt ist eine sehr fortschrittliche Eheform, die, wenn mit Vertrauen, Bedacht, Rücksichtnahme und Liebenswürdigkeit betrieben, sehr glücklich sein kann. Sollten diese Eigenschaften nicht vorhanden sein, wird auch diese Ehe bald geschieden sein, denn die Chancen für eine gelungene Ehe zu dritt sind verschwindend gering, aber durchaus möglich. Die Ehe zu dritt ist erwachsen, ehrlich und elitär, in der geistigen Haltung, sowie in ihren Begleitumständen. Diese Beziehungsform ist nur etwas für Fortgeschrittene, die ihr Liebesleben bewusst erleben und reflektieren. Entgegen ihrem verheißungsvoll ausschweifenden Titel verlangt sie nämlich von allen Beteiligten Großmut – und Disziplin.

Die Ehe zu dritt ist kein Arrangement, für das man sich nüchtern und rational entscheiden kann wie für eine Einbauküche, sondern etwas, mit dem man sich auseinandersetzen muss, wenn es dazu kommt. Es gibt vorher keine Garantie für ihr Gelingen. Ein ständiges Unterdrücken von schmerzlichen Gedanken und das Vorspielen einer nach außen hin, heilen Welt erfordert enorm viel Kraft. So muss das Ziel oder Ergebnis dieser Tortur ein Überzeugendes sein. Das kann die Liebe zum Partner sein oder das Erhalten des über Jahre erworbenen Status, der nicht aufgegeben werden will. Oft sind es auch die Kinder, denen man das gewöhnte familiäre Umfeld nicht nehmen will. Ein großes Opfer! Paradoxerweise können deshalb nur wirklich gute Ehen in dieser Konstellation bestehen und sogar daran wachsen. Dazu darf die Anspannung, die den Beginn einer neuen Affäre immer begleitet, aber kein Dauerzustand sein, das heißt, der doppelt Liebende darf kein profaner Wiederholungstäter in Sachen Ehebruch sein. Und der muss – oberstes Gebot – in der Lage sein, seinem Partner jede Sicherheit und Liebe geben, die er braucht, um die Untreue ohne quälende Zweifel aushalten zu können. Mehr Männer als Frauen mögen in dieser Richtung Ambitionen haben, doch die allerwenigsten verfügen über die seelische Stärke und den Willen das durchzuhalten. Auch fehlt es ihnen auch meistens an Bereitschaft, ihrer Frau eine solche außereheliche Liebe zuzugestehen. Frauen, die von Natur aus weniger dazu neigen, sich für das Maß aller Dinge zu halten, bringen dagegen in einer solchen Situation eher Verständnis und Toleranz auf. Doch insgesamt fordert die *Ehe zu dritt* immer von einem Partner Eigenschaften, die man nicht zu sehr und vor allem nicht immer wieder strapazieren darf.

Die *Ehe zu dritt* ist also eine hohe Kunst – und nur schwer zu bewerkstelligen. Wortgefechte, Tränen und das Suchen von Spuren und Beweisen gehören hier dazu wie die Zitrone zum Tequila. Für den ehebrechenden Partner ist diese Art der Beziehung ziemlich anstrengend, da gleich zwei Menschen emotional und sexuell befriedigt werden wollen. Vom Spagat zwischen Partner I und Partner II was gemeinsame Freizeit oder sogar romantische Urlaube, betrifft, sprechen wir noch gar nicht. Nicht gerade die beste Position hat hier der oder die Geliebte. Dessen Leiden daran, immer der Zweitpartner und niemals die Hauptbezugsperson zu sein, kann selbst die schönste Liebe vergiften. Da ist es allemal besser, die besagte Dame oder der Herr ist selbst *noch* verheiratet.

Im Idealfall jedoch entwickeln sich zwischen den Beteiligten nicht nur vertrauliche, sondern auch vertraute Beziehungen, die mit der Zeit fast so viele Elemente einer engen Freundschaft annehmen können wie eine gute Ehe auch. Die Frau wird immer der Fels in der Brandung bleiben, die Geliebte ist dagegen die stürmische Welle. Der eigene Ehemann ist die stramme Eiche im Leben der Frau, wobei der Liebhaber nur die Rolle des flinken Eichhörnchens bekommt.

Was die Ehe zu dritt von allen vorhergehenden Beziehungstypen unterscheidet ist, dass die Partner hier erstmals einen Weg gefunden haben, den Ehebruch in Ihre Zweisamkeit aufzunehmen und zu akzeptieren, dass er existiert. Sie nehmen ihn als Chance oder besser Herausforderung an, wie man einen Gast, den man eigentlich nicht mag, die Tür öffnet und hereinbittet. Dass dies nicht von vornherein und nicht rund um die Uhr gelingen kann, ist selbstverständlich, da sich jeder der Partner einer Beziehung sehnlichst wünscht, der Einzige für den anderen zu sein. Im Falle der

Ehe zu dritt aber steht er immerhin an erster Stelle. Er ist eingeweiht, und kann nun selbst entscheiden, ob er die Situation akzeptiert oder nicht. Nur wer sich ständig verändert, bleibt glücklich. Das haben die Teilnehmer dieses speziellen Ehemodells begriffen. Darum akzeptieren sie, dass der Partner gelegentlich einen anderen Menschen aufsucht, den er ebenfalls liebt, der ihn amüsiert oder anregt, ihm Abwechslung bietet und mit dem er in den allermeisten Fällen auch schläft. *Die Freiheit zu lieben ist ebenso heilig, wie die Freiheit der Gedanken.* Liebe ist ihrer Natur nach freiwillig, und sie entsteht immer wieder von neuem. Sie hat keinen Sinn außer in sich selbst, strebt nicht nach Zukunft, Planung und Fixierung, sondern nach dem momentanen Erlebnis. »Ein Mensch, der liebesfähig ist, bleibt der Liebe treu, nicht er Treue« (*Victor Hugo*)

Denn mit der Liebe entfaltet er sein ureigenes Wesen. Wenn der Partner ihn um seiner selbst willen liebt, nimmt er die Ehe zu dritt hin – zum eigenen Wohl und zu dem der gemeinsamen Familie, und weil er begriffen hat, dass es wichtigere Formen der Treue gibt als die Körperliche. Er wird nicht angelogen, und er weiß, dass sein Partner ihn nicht verletzen will. In dieser Ehe sind die Partner auch nach Jahren noch eins und geborgen in der Gewissheit, dass sie einander nie verlassen werden: Das ist der Preis, der entrichtet werden muss, wenn die Ehe zu dritt gelingen soll. Die Beziehung der beiden Ehepartner ist unantastbar.

Es wird im Laufe einer solchen Ehe nicht ununterbrochen und nicht nur eine einzige dritte Person geben, aber ihr Auftauchen wird jedes Mal erneut dafür sorgen, dass die Partner sich weiterhin umeinander bemühen und füreinander fürchten, dass sie nicht abstumpfen und in eine gleichgültigen Ehe Trott verfallen. Sie denken über die Bedürfnisse des anderen nach und reden darüber. Mit anderen Worten: Die oder der Geliebte sorgt durch seine bloße Existenz dafür, dass die Ehe eine bessere ist.

Tatsächlich Liebe

Die Ehe zu dritt ist eben in der Realität nur in den seltensten Fällen eine *Menage a Trios,* in der alle drei friedlich zusammenleben, wobei zu bemerken ist, dass hier die Geliebte keinerlei Ansprüche an den Verheirateten stellen darf, was aufgrund unserer emotionalen Prägung quasi schwer zu bewerkstelligen ist, da hier ein großes Maß an Selbstliebe der Nebenbuhlerin gefordert ist. Der einzige Grund, der so ein Dreiergespann auf Dauer harmonisch bestehen lassen kann ist die Liebe selbst. Hier sprechen wir jedoch nicht von den hormonellen Ergüssen am Anfang einer Liebschaft und auch nicht von der Abwechslung vom Ehe Alltag, die uns in den meisten Fällen *Liebe* vorspielen zu versuchen. Wir sprechen hier, von einer Liebe, die nichts anderes benötigt, als sich selbst, in ihrer reinsten und schönsten Form. Eine Liebe, die Entfernung und Trennungen schadlos übersteht oder die Sehnsucht sogar noch schürt, weil man sich dem anderen auf eine wundervolle Weise *sicher* ist. Es fühlt sich dann nicht an, wie eine Endorphin Flut, die uns die Sinne vernebelt und den Körper beben lässt, allein bei der Vorstellung dem anderen nah zu sein. Es ist mehr ein Tröpfeln in die Köpfe und Seelen der Liebenden, ein ständiges Glücksgefühl, welches Sucht erzeugt, weil diese unkomplizierte Form einer Art *Doppelehe* so *einfach* ist. (solange, einer der Ehegatten davon nichts weiß, versteht sich...) Die Nähe existiert allein in einem Paralleluniversum, indem wir uns außerhalb von Zeit und Raum mit dem anderen finden. Das kann in Form von wenigen kurzen Treffen oder Briefen oder Nachrichten stattfinden, die hauptsächlich dazu dienen, den Sehnsüchten ein Ventil zu geben und dem Geliebten immer wieder sagen zu können, wie sehr man ihn vermisst und liebt. So eine Liebe findet lediglich in Blicken, schüchternen Gesten und vor allem auf dem Papier statt. Hier liebt allein die Seele und nicht der Körper. Das wahre Leben außerhalb dieser besonderen Liebensaffäre findet dagegen wie gewohnt statt, ohne emotionale Einbußen, dem *wirklichen* Partner gegenüber. Das wahre Leben dieser Ehemänner – oder Frauen, findet weiterhin untadelig statt. Aus Gründen der Gewissenhaftigkeit Ihrer Familien gegenüber werden somit Gedanken an eine Trennung nie aufkommen. Die Liebe heiligt alle Mittel und somit tritt diese Beziehung zu dritt in eine fast göttliche und unschuldige Sphäre, die ein schlechtes Gewissen Ihren Ehepartnern gegenüber quasi einen Heiligenschein verpasst. Ertragen wird das Ganze mit einem starken Glauben an das allmächtige Wesen der Liebe, welches zwei Menschen verbunden hat und immer mehr binden wird. Eine Liebe die sich über Zeit und Raum hinwegsetzt. *Die Liebe meines Lebens* wird sie auch gerne genannt.

Beziehungsstatus: »Single«

Wer nach all den Aufregungen und Ärgernissen der verschiedenen Eheformen einmal vom Liebeskarussell absteigt, ist in der Regel froh, einige Runden aussetzen zu dürfen. Unter Paaren gelten Singles gerne als verwöhnt, exzentrisch und zickig und wenig kompromissbereit. Fazit: Nicht bindungsfähig! Es gibt aber auch jene, die behaupten: Singles sind die letzten großen Romantiker unserer Gesellschaft. Sie glauben noch an Wunder und an die große Liebe, die leider noch nicht den Weg gefunden hat, um ihnen zu begegnen. Idealisten und Individualisten. Darum sind die steigenden Single Raten ein wichtiges Indiz für die fortschreitende Liebesweisheit unserer Gesellschaft. Vielleicht handelt es sich aber bei den Solisten um Menschen, die aus Überzeugung lieber alleine bleiben, als in einer abgestandenen Ehe, zu zweit. Ob Überzeugungstäter oder ewig Suchender. Sie sind die derzeitigen Herrscher unserer Gesellschaft. In Zeiten der sozialen Netzwerke und Single-Online-Börsen. Keiner, dieser Einzelkämpfer *muss* heutzutage den Abend mehr alleine verbringen, außer er will es so und genießt diesen Zustand dann auch. Dass diese bei Singles bekannte *hin und her Wischerei** auf bekannten Dating-Apps nicht den Prinzen auf dem weißen Pferd hervorzaubern, wissen alle Alleinkämpfer inzwischen. Dennoch kann man hier Nähe, gemeinsame Freizeit, Sex und neue Freunde finden. Dabei werden Singles immer noch als klaffende Wunde unserer Gesellschaft wahrgenommen, die kaum noch Nachwuchs zeugen und somit die immer älter werdende Generation nicht mehr versorgen kann. Mehr als elf Millionen paarungsfähiger Deutscher im Alter zwischen 18 und 69 Jahren leben allein. Obwohl der Wunsch nach Kindern und Familie bei Männern wie Frauen zwar durchaus vorhanden ist bleibt knapp ein Drittel aller Frauen kinderlos, Tendenz steigend. Gefragt nach dem wichtigsten Grund für diesen unfreiwilligen Verzicht geben die meisten an, es fehle ihnen der richtige Partner. Wir stehen also vor einer paradoxen Situation. Es wimmelt in den Großstädten nur so von liebessehnsüchtigen Singles, die sich jedoch, trotz bereits beschriebenen großen Angebot von sozialen Netzwerken und Partnerbörsen, immer weniger wirklich zusammenfinden. Die erste hilflose Erklärung der Forscher lautet, dass die individuellen Wünsche im Wieder-spruch zueinanderstehen. Wir wollen alles: einen Partner und eine Familie, einen guten Job und unsere Freiheit. Das lässt sich nicht alles zur selben Zeit verwirklichen. Viele Menschen befürchten bei der Familiengründung den Verlust ihres hohen Lebensstandards. Andere wiederum wollen mit dem Kinderkriegen warten, bis sie ihre Ausbildung abgeschlossen haben was an deutschen Universitäten bekanntlich lange dauern kann und sind dann so froh eine Stelle zu bekommen, dass sie den Kindeswunsch erneut nach hinten verschieben. Als nächstes regt sich dann die Befürchtung, mit einem Kind die gerade begonnene Karriere zu unterbrechen oder aufs Spiel zu setzen. Frauen, die heute zugunsten einer Familie vollständig auf die Ausbildung verzichten, gibt es kaum noch. Angesichts der aktuellen Scheidungsraten tut jede Frau gut daran, sich darum zu bemühen, auf eigenen Füßen stehen zu können. Große Sorgen machen sich die Forscher dennoch vor allem um die Akademikerinnen, die sich Nachwuchs zwar finanziell leisten könnten, ihr erfolgreicher Beruf, die

Vereinbarung jedoch nur schwer zulässt. Gleichzeitig sind es vor allem diese hochqualifizierten Frauen, die Schwierigkeiten haben, einen passenden Partner zu finden.

Mit anderen Worten: Der Single ist, ein aus soziologischer, ökonomischer und psychologischer Sicht betrachtet ein hoch-komplexes und kompliziertes Wessen. Er ist Hoffnungsträger und Drohkulisse zugleich. Er trägt nicht leicht an seiner Last, da er ständig beäugt und beobachtet wird, was er nun als nächstes tut. Nach jedem Date, oder überhaupt nach jeder Freizeitaktivität, bleibt die Frage von Freunden nicht aus: »Na? Und…? Jemanden kennengelernt?« So als wäre der Single ein Magnet, der, wenn er die Wohnung verlässt, unweigerlich auf seinen Gegenpol treffen muss, mit dem Stempel auf der Stirn *Auf Suche.*

Die Gesellschaft lebt in dem Glauben, dass man Glück, Zweisamkeit, Geborgenheit und Wärme nur mit einem Gegenstück erleben kann. Fast wie die 10 Gebote klingen da die stillen Forderungen an jeden von uns: Du sollst einen Mann oder eine Frau haben. Du sollst eine gute Bildung haben. Du sollst heiraten und Kinder bekommen. Wer das nicht schafft oder nicht miteinander vereinbaren kann, soll sich als Versager fühlen. Die emotionale Schmach, alleine zu bleiben, wird auch bei uns immer mehr von dem zwischen den Zeilen spürbaren Vorwurf begleitet, die Singles seien allesamt Egoisten, die nur an sich selbst dächten und für die Kompromisse und Anpassung ein Fremdwort sind. Aber sprechen wir nicht nur von denen, die jung und lebenslustig durch die Welt schlendern und diesen Zustand so lange wie möglich halten möchten. Die vielleicht wissen, dass es mit dem *Spaß* vorbei ist, wenn die Frau mit dem Essen wartet und die Kinder am Wochenende keine Minute Entspannung zu lassen. Sprechen wir auch nicht von denen, die allabendlich nach der Arbeit in Bars anzutreffen sind, um sich eine sexuelle Befriedigung bei einem Bier anzulächeln. Sprechen wir lieber von denen, die unfreiwillig in die Single-Welt geschupst wurden, weil hinter ihnen jemand die Tür zugeschlagen hat. Die, die nun draußen in dieser Kälte stehen, und keiner mehr bei ihnen ist, um ihnen ihre Hand zu wärmen. Die Verlassenen, die Enttäuschten und die Zweifler. Denen, die einmal glaubten, die große Liebe gefunden zu haben, und denen sie wieder entrissen wurde. Den Getrennten, den Geschiedenen und den Verwitweten. Es betrifft daher eigentlich nicht den Mann um die dreißig auf der Suche nach der richtigen Frau. Auch nicht eine Endzwanzigerin, die von einem Brautkleid aus champagnerfarbenem Satin und einer Hochzeitsreise auf Mauritius träumt. Es gilt denen, die einen Schritt weiter sind, weil sie einmal geliebt haben. Man erkennt das daran, dass sie nicht so unbedarft darauf los lieben wie die Debütanten, dass sie sich nicht mit dem Erstbesten zufriedengeben, dass sie anspruchsvoll sind, aber auch selbst ihren eigenen Ansprüchen genügen wollen. Das heißt nicht, dass sie weniger stürmisch oder hingebungsvoll lieben werden, wenn es wieder so weit ist. Es bedeutet lediglich, dass sie vergleichen. Und dass den meisten von ihnen Qualität wichtiger ist als Quantität. Ihr Solistenstatus mag nicht immer freiwillig gewählt sein, doch selbst wenn sie vom Partnerschaft - Karussell abgeworfen wurden, nutzen sie die Chance, um in sich selbst hineinzuhören. Auf sich selbst gestellt, sind die Singles keine Ausreißer vor der Einsamkeit, wie etwa die Stammgäste am Standesamt, die uns in einem der anderen Kapitel begegnet sind. Sicher laufen sie beim nächsten Mal auch nicht so schnell weg wie die harmoniebedürftigen Liebeshochzeiter, wenn erste Wolken am rosaroten Himmel aufziehen.

Dieses Stadium zwischen verlorener Liebe und neuem Glück ist manchmal das Schwierigste, manchmal das unverbindlich-angenehmste und ganz sicher das Innovativste der Beziehungs- Entwicklung. Der Single hat einen Bruch, eine Macke einen Spleen: Er genießt seine Freiheit und er weiß doch, dass er etwas verpasst. Das eine macht ihn stark, das andere empfindsam. Ohne Zweifel ist das Singledasein daher das wichtigste Stadium im Leben eines Menschen. Denn die schmerzhafte Vereinzelung ist ein Zustand, in dem sich jeder irgendwann einmal befinden wird, befunden hat und in dem sich mancher immer wieder befindet: nach dem Verlust des Partners, durch eine gescheiterte Ehe oder Beziehung oder durch den schmerzlichen Tod. Und dieses Einzeldasein lässt sich nur ertragen und genießen, wenn man daran glauben kann, dass es auch wieder ein *danach* geben wird. Eine glückliche und erfüllte Liebesbeziehung.

Der Lebensabschnitt als Single ist immer eine Momentaufnahme, auch wenn sie sich in manchen einsamen Stunden wie eine Ewigkeit anfühlen mag. Aber in diesen Momenten erhält man die Chance, innezuhalten, um das Vergangene Revue passieren zu lassen. Man ruht sich kurz aus von der Liebe, wie ein altersschwacher Mann, der sich auf eine Bank setzt und das Gesicht in die Sonnenstrahlen dreht, bevor es weitergeht auf dem Weg der vor ihm liegt. Es bietet die Chance Bilanz zu ziehen, das Ziel neu ins Visier zu nehmen und sich zu überlegen, was man möglicherweise früher falsch gemacht hat. Wer diese Möglichkeiten nutzt, wird klüger und geläutert aus dieser Einzelphase hervorgehen. Als würde der Zustand alleine nicht schon ausreichen, werden Singles oft als Eheverweigerer mit Bindungsängsten verschrien. Dabei würden sich die wenigsten von ihnen als *überzeugte Singles* bezeichnen. Mindestens zwei Drittel von ihnen hoffen auf dauerhafte Zweisamkeit. Warum also finden Frauen keine Männer und Männer keine Frauen mehr? Indirekt gibt es dafür vor allem eine Ursache: *die Ehe.* Stellen wir uns die Kuppel im Buch von Stephen King: *Die Arena* vor. Sie ist unsichtbar, aber doch für alle schmerzhaft fühlbar, wenn man sich zu nah daran wagt. Gehen wir davon aus, dass außerhalb der Kuppel alle Singles leben: ungeordnet, zerstreut, wildlebend in kleinen wenig möblierten Singlezelten. Während innerhalb der Kuppel ordentlich in Reihenhäuschen mit je einem Trampolin im Garten die kleinen Familien leben, wie wir sie aus der Werbung kennen. Wie wir schon in vorherigen Kapiteln gelernt haben, hält sich die Liebe an keine Regeln. Amor schießt immer wild drauf los. Aber bleiben wir beim Kuppel Thema: Nehmen wir also an, außerhalb der Kuppel leben genauso viele Frauen und Männer wie innerhalb der Kuppel. So stellen wir schon mal fest, dass die Singles außerhalb der Kuppel eine potentielle Gefahr für die *braven* Eheleute darstellen. Denn wir gehen jetzt mal nicht davon aus, dass innerhalb der Kuppel Partnertausch stattfindet. Das wäre jetzt ein anderes Thema... Was jedoch Fakt ist, dass den Ehefrauen und Ehemännern in der Kuppel durchaus auch Singlefrauen und Singlemänner gefallen könnten, die da draußen in ihren Mini-klo`s wohnen. Fazit: Die Ehe verhindert, dass zusammenkommt, was vielleicht zusammengehört, aber keine Chance hat, weil diese Kuppel als Metapher für all die Eheringe und Eheverträge steht, die verhindert, dass Menschen sich finden können.

Zum Schluss stellen wir uns vor, dass von einem auf den anderen Tag der Staat entscheidet, dass nun alle Ehen annulliert werden und die imaginäre Mauer verschwindet. Was glauben sie, würde passieren...?

Männern tut die Ehe bekanntlich gut. Sie wirkt lebensverlängernd, mental stabilisierend und ist der männlichen Psyche insgesamt zuträglich. Verheiratete Männer sind gesünder, netter, reicher und anständiger, sagen die Forscher. Das ahnen auch die Herren selbst und sehen zu, dass sie schleunigst zum Standesamt oder vor den Traualtar kommen. Eingefleischte Junggesellen, denen ihr lediger Familienstand schützenswerter erscheint als die Pandabären Chinas, scheint es immer weniger zu geben. Und diese wenigen tun dies seit vielen Jahren glücklich mit ein und derselben Frau in einer eheähnlichen Gemeinschaft. Manche haben sich auch mit Fleiß ausschließlich in solche Frauen verliebt, bei denen sich die Ehefrage nie stellte, da sie bereits verheiratet waren. Sind bindungswillige und fähige Junggesellen also Mangelware? Es scheint so. Untersuchungen, die unter ledigen Männern durchgeführt wurden, haben ergeben, dass diese insgesamt passiver, phlegmatischer und asozialer in ihrem Verhalten sind als ihre verheirateten Geschlechtsgenossen. Langjährige Junggesellen behaupten in der Regel, sie wollten nicht heiraten, weil sie sich ihre Freiheit bewahren wollen. Vor seinem inneren Auge sieht man hier die locker gekleideten Cowboys, gerade abgestiegen von der Harley, die lässig am Tresen sitzend, jede Frau zu bekommen scheinen, die den Raum betritt. Die Realität aber sagt, dass das Singledasein weit weniger sexuelle Begegnungen hat, wie sein standesamtlicher gesegneter Geschlechtsgenosse neidisch zu glauben scheint. Zu groß ist die Angst vor möglichen Folgen, in Form von ungewollten Schwangerschaften oder die Sorge, man könnte als Versorger ausgewählt worden sein. Soziologen weisen darauf hin, dass es ich bei solchen eingefleischten Junggesellen meist um Männer handele, die eine schwierige Kindheit hatten. Wie wir schon gelernt haben, ist die Bindungsangst vermehrt zu finden unter Menschen, die selbst mit den Erfahrungen einer Scheidung als Kind leben mussten. Dann gibt es noch die Eigenbrötler zwischen dreißig und fünfzig, die wenig verdienen oder sogar arbeitslos sind. Sie gelten als Problemgruppe im Single-Land, und kommen meist in die Schublade für *schwer vermittelbare Singles*. Ganz am Ende reihen sich da noch die ein, die jegliche Hoffnung auf eine Vereinigung zum anderen Geschlecht, aufgegeben haben, da entweder noch Jungfrau oder derart desillusioniert, dass Sie ein Premiere Abo einem Abo auf einem Single Portal vorziehen und sich allabendlich mit Bier und Chips selbst bemitleiden.

Auf der anderen Seite des Geschlechterzauns stehen Frauen, die dem Profil der ehescheuen und menschenfeindlich gesinnten männlichen Singles kaum entsprechen. Ledige Frauen sind wesentlich stabiler, aktiver und glücklicher als ihre Geschlechtsgenossinnen mit Ring am Finger und blicken zuversichtlicher in die Zukunft. Sie sind entscheidungsfreudiger, selbständiger, geselliger und beruflich erfolgreicher. Sie leiden seltener unter Migräne, Schlaflosigkeit, Kreislaufbeschwerden und depressiven Zuständen. Manche verheiratete Dame beneidet die Singlefrau im Stillen, denn die Ehe erweist sich für die meisten keineswegs als der erhoffte Traumzustand. So sind es vor allem die Frauen, die ihre Ehen für unglücklich halten und die von sexueller und geistiger Frustration berichten. Knapp die Hälfte aller verheirateten Frauen gibt an, wenn sie die Wahl hätten, würden sie ihren Partner nicht noch einmal zum Altar begleiten. Deshalb geht der Wunsch zur Scheidung denn auch häufiger von weiblicher Seite aus. Verheiratete Männer sind also glücklicher als Junggesellen, und weibliche Singles sind glücklicher als Ehefrauen.

Singles – wir haben ein Problem!

Nicht also die frustrierte, neurotische und verklemmte Jungfer und der schicke, verwöhnte Playboy, wie das Klischee vorgaukelt, bevölkern die Single-Haushalte unserer Städte, sondern die selbstsichere, attraktive Singlefrau und der schüchterne, einsame und leicht verwahrloste Junggeselle bestimmen das Bild. Kein Wunder also, dass die allermeisten kinderlosen Frauen angeben, der fehlende richtige Gefährte sei der Grund für den von der Gesellschaft und Politik beklagten Nachwuchsmangel. Man kann sie durchaus verstehen: Wenn nur Versager und Sonderlinge frei herumlaufen, wie will man da einen passenden Vater für sein Kind finden? Da Männer außerdem meistens Frauen heiraten, die ihnen zwar oft unmerklich, doch leicht unterlegen sind, was ihre Bildung und soziale Herkunft angeht, handelt es sich bei diesen Dauer - Junggesellen gewissermaßen um den Bodensatz der Männlichkeit. Die Single Frauen stehen hier an der Spitze. Frauen, die zu keinem Mann aufblicken, weil sie selbst es so weit nach oben geschafft haben, finden auch der Statistik nach schwerer einen Partner: Denn Männer brauchen für ihr eheliches Wohlbefinden ein Überlegenheitsgefühl, so gering es auch sein mag. Forscher haben herausgefunden, dass Frauen, die früh heiraten, in der Regel weniger gebildet sind als solche, die wesentlich später vor den Altar schreiten. Erstaunlich ist nur, dass fast alle Ehefrauen, haben sie einmal die Schwelle ins eheliche Heim überschritten, ihr Studium, oder andere erfolgreiche berufliche Projekte an den Nagel gehängt, wie das Brautkleid, dass gut verpackt im Keller verstaut wird. Mit den Jahren gesellen sich auch Gewohnheiten, Vorlieben und Hobbys dazu und stauben vor sich hin. Die Frauen jedoch, die einem Verehrer suggerieren, dass sie ihre Karriere niemals für die Ehe und die Kinder ganz opfern würden, scheiden nahezu als potentielle Bräute für Männer aus, wahrscheinlich deshalb, weil dann das Bild *der umsorgenden Ehefrau* wie man sie noch aus der 50ger Jahre Werbung kennt, sich auflöst. Man könnte jetzt sagen: »Ja aber wir leben doch jetzt im 21.ten Jahrhundert« und ich antworte:»…und weiter?« Die Welt ist so fortschrittlich wie nie zuvor, aber in unseren Köpfen sind die passenden Synapsen dafür noch nicht gebildet. Dabei sind gerade die Frauen, die Herz und Verstand haben, besonders bindungsfähige Frauen, die ein ausgeprägtes Verantwortungsbewusstsein besitzen, liebevoll mit den eigenen Eltern umgehen und gelernt haben, Krisen durchzustehen. Mit anderen Worten: Männer heiraten nicht nur lieber als Frauen, sie heiraten in der Regel auch noch die Falschen. Wir drehen uns also irgendwie im Kreis.

In der Tat stellen verfügbare Klassefrauen immer wieder fest, dass eigentlich alle Männer, die als Partner in Fragen kommen, fest liiert sind. Das wiederum bereitet der anständigen Single-Julia, die ihren Romeo nicht aus den Armen einer anderen reißen will, Probleme. Doch selbst wenn er sich jemals aus seiner aktuellen Beziehung löst, sind ihre Chancen gering. Bei den meisten Männern sind die Beziehungslücken so kurz, dass man sie als solche nicht einmal wahrnimmt. Aber auch bei den Frauen gibt es solche, die es eilig haben, sich wieder möglichst schnell zu binden. Psychologen unterscheiden zwischen jenen, die nach einer Scheidung oder Trennung möglichst rasch wieder in einer Beziehung unterschlüpfen, und denen, die sich Zeit lassen mit der Suche nach dem neuen Partner. Doch anders als Männer, die als Solisten vor allem in erotischer Hinsicht rasch wieder Anschluss suchen, sind die Unterschlüpfer meist Frauen, die keinen qualifizierten Beruf haben und mit einer neuen Beziehung eher versuchen, ihre Versorgung sicherzustellen. Die Mehrheit der weiblichen Singles jedoch steht finanziell auf eigenen Beinen. Während sich Beziehungen früher im Laufe der Ausbildung oder in der Zeit des Berufseinstiegs ergaben, ist in unseren globalisierten Zeiten die Partnerwahl ständig möglich. Wo man sich dauern begegnet, wird es immer schwieriger, einander kennenzulernen. Mindestens jeder vierte Single gibt an, mangelnde Zeit und Gelegenheit seien die Hauptgründe für seine Partnerlosigkeit. Viele wenden sich deshalb an Dating Agenturen im Internet, wo auf mehrere Dutzend Kontakte zwar durchaus der ein oder andere Herzenstreffer entfällt, doch die virtuell begonnenen

Beziehungen in der Realität selten dauerhaft bestehen bleiben. After Work Partys und Suchmaschinen für Single-Freizeiten schießen derzeit wie Pilze aus dem Boden. Was die Suche nach einer neuen Herzenswärme nicht unbedingt leichter macht, wenn *Kennenlernen* zur Pflichtkür wird.

Die Zahl der Singles wächst stetig. Ein Grund zur Sorge? Im Gegenteil. Forscher bescheinigen, jenen Solisten, die bindungswillig sind und immer wieder bereit sind, Partnerschaften einzugehen, ein hohes Maß an Liebesklugheit. Sie suchen sich nämlich mit jeder Liaison einen Menschen aus, der noch besser zu ihm passt, als der vorherige. Sie lernen aus sich und reflektieren am Ende die vergangene Beziehung. So erreichen sie irgendwann ein Singlestadium, dass nur noch einen letzten Mann zulässt: *Mr. oder Mrs. Perfekt!*

Leider gibt es auch Jene, die sich auf der Flucht vor der abendlichen Einsamkeit kopfüber in Arbeit stürzen und denen es dann irgendwann schwerfällt, einem anderen Menschen Platz nicht nur in ihrem Bett, sondern auch in ihrem Leben einzuräumen. Wenn man sich im Stadtbild umsieht, fällt auf, dass die Frauen immer mehr unter sich bleiben. Ob in Geschäften oder in Restaurants, im Kino, im Fitnessclub oder auf Reisen: Frauen ohne Männer, wohin das Auge fällt. Den Statistiken zufolge kommen zwar auf 48 weibliche Singles 52 männliche. Die gefühlte Wirklichkeit der Frauen jedoch besagt, dass es gar nicht genug Männer gibt. Die Chancen für die Single Frau ab vierzig, einen passenden Partner zu finden, scheint jedoch geringer zu sein als ein Millionengewinn im Lotto. Jede Frau kennt jede Menge anderer toller Frauen, die ohne Mann sind, aber fast keine kennt auch nur einen einzigen Mann mit Format, der unbeweibt lebt. Genug Männer mag es also vielleicht geben, aber ganz eindeutig gibt es nicht genug, die in Frage kommen. Zum Glück haben die meisten Frauen keine Minderwertigkeitskomplexe mehr, weil sie keinen Mann *abbekommen* haben, sondern sind eher froh, dass ihnen niemand nachts die Decke wegzieht oder im Bad auf die Klobrille pinkelt. Frauen, die eine Partnerschaft hinter sich gelassen haben, entdecken ihren eigenen Geschmack und ihren Lebensstil wieder. Sie machen sich auf die Suche, nach dem eigenen ich, dass sich während einer Ehe oder langjährigen Partnerschaft verflüchtigt hat. Sie leben jetzt das, was ihnen so lange vorenthalten blieb. Ihr eigener Kleidungsstil, eine individuelle Wohnungseinrichtung gehören ebenfalls dazu. Sie essen nur noch das, was ihnen wirklich schmeckt und sehen Fernsehsendungen, die sie interessieren. Das gleiche gilt auch für die Auswahl ihrer Bücher. All die Bereiche, in denen man sich bisher oft untergeordnet hatte, werden nun neu erobert. Singlefrauen erinnern sich an ihren Freundeskreis, der während all der Jahre von Ehe und Kinderaufzucht viel zu kurz gekommen ist. Wenn sie Glück haben, befinden sie einige dieser Menschen, in der gleichen Situation und jeder ist glücklich, sich wieder zu haben und an der Vergangenheit anknüpfen zu können. Single Frauen sind selbstständig, selbstbewusst und gebildet und suchen so dass entsprechende Gegenstück. Finden sie diese nicht, bleiben sie lieber allein. Soziologen erklären das damit, dass Frauen es besser verstünden, aus ihrem Leben etwas zu machen. Männer dagegen seien stärker dem traditionellen Rollen- und Versorgungsmuster verfallen. Ohne Partnerin fehlt ihnen die anschmiegsame Hälfte des Selbstbilds. Einer Faustregel zufolge bleiben Männer bei den Frauen, solange für alles Wesentliche gesorgt ist. Sie wünschen das Bier im Kühlschrank, die Hemden gebügelt und eine gemütliche Couch mit Fernseher. Im besten Fall noch „Schnittchen und Bier zum Fußball". Ohne diese Annehmlichkeit führen unsere männlichen Genossen, ein nahezu jämmerliches Dasein. Frauen begreifen das *Singletum* als Chance, sich zu entwickeln, quasi als eine Herausforderung.

Singles, die irgendwann einmal der Teil eines *Ganzen* gewesen waren, empfinden die Stille und Einsamkeit, nach dem Auszug aus dem einst gemeinsamen Heim oft als *stille Hölle*. Das zu Ehezeiten ausgefüllte Leben erscheint plötzlich wie ein leerer Schalldichter Raum. Man selbst befindet sich darin. In den ersten Wochen funktionieren lediglich nur die Gedanken, und das tun sie sehr gut. Es werden mental und emotional alle Szenarien eines möglicherweise anderen Werdegangs durchexerziert. Dieser Zustand ist vage mit dem Anfangszustand eines verliebten Paares zu vergleichen. Nur das jetzt nicht Glücks- sondern Stresshormone in unseren Adern fließen. Die schönsten Erinnerungen an die gemeinsame Zeit werden glorifiziert, während, die Dinge, die uns an unserem Ehepartner gestört haben, in unseren Gedanken nur noch die Größe einer Stecknadel annehmen. Der Körper scheint wie halbiert zu sein, da alles Vertraute von einem auf den anderen Tag nicht mehr existiert. Die Hand, die beim Spazierengehen nach einem griff oder der fehlende 2.te Teller am Esstisch. Die Flasche Wein, die keiner mehr mit einem teilt. Besonders schmerzhaft ist die Situation, wenn aus der Ehe oder Partnerschaft Kinder hervorgingen. Solange diese bei einem der getrennten Partner sind, fühlt sich die Welt noch halbwegs in Ordnung an. Zum Teil auch, weil man seine Rolle als Elternteil in dieser Phase besonders gerecht werden möchte. Viele Kinder leiden sehr unter der Trennung ihrer einst familiären Umgebung. Aber dazu kommen wir später noch. Wenn jedoch die Kinder an einem Wochenende oder an mehreren Tagen, beim anderen Elternteil leben, ist die Stille und Einsamkeit kaum zu ertragen. Es dauert in der Regel die Hälfte der Jahre, die eine Beziehung oder Ehe gedauert hat, bis man in seinen ursprünglichen Zustand zurückgekehrt ist. Also der Mensch, der man *vor* der Partnerschaft war. Das ist eine lange Zeit. Freunde und Abwechslung helfen dabei sehr, wenn man an manchen Tagen zu sehr an dieser Situation leidet. Hat der Single jedoch nach der nötigen Zeit seinem Leben wieder einen Sinn gegeben, der sich bei manchen im Sport, bei anderen im kreativen Schaffen auswirkt, wird zusehends auch der Wunsch größer, seine schönen Momente mit einem anderen Menschen teilen zu wollen. Dies geschieht nicht von heute auf morgen, sondern ist ein langsamer, fast schüchterner Prozess. Der gesenkte Kopf erhebt sich langsam empor und der Blick schenkt die Aufmerksamkeit wieder der Umgebung und der Menschen, die sich im Blickfeld befinden. Man wacht langsam auf, blinzelt skeptisch hin und her. Man entdeckt wieder, dass das Leben wieder schön sein kann. Vergleichbar mit einem langen, kalten und dunklen Winter, der nie zu enden schien. Wenn die Augen wieder umhersehen und einen Tulpenspross in der Sonne entdecken, wird das Leben wieder lebenswert! Und jetzt erst recht!

Auch wenn das Singledasein nicht als Idealzustand erscheint, so bringt er jedoch auch eine Menge Vorteile mit sich, die man aber erst zu schätzen weiß, wenn man wieder in einer neuen Partnerschaft weilt. Natürlich würden alle Singles (bis auf wenige Ausnahmen) ihre Unabhängigkeit und Freiheit durchaus für die Freuden der Zweisamkeit aufgeben, wenn denn der richtige Mensch dafür des Weges käme. Es ist weniger die allgemeine Freizeitgestaltung, die den meisten schwerer fällt, als die besonderen Anlässe, bei denen man das Alleinsein kurzfristig akut zu spüren bekommt. Offizielle Einladungen mit der beliebten Standardformulierung »laden wir sie und ihre Begleitung...« erinnern einen stets daran, dass man keine solche Begleitung vorzuweisen hat. Hochzeitsfeste, bei denen man sich als Frischgeschiedene fühlt wie ein wandelnder zynischer Kommentar: »Seht her, so kann`s gehen« Nach einigen dieser Einladungen, nach denen man sich fühlt, als hätte man in einem falschen Film mitgespielt und am Ende dann noch die goldene Himbeere bekommen, fängt man an diese Festivitäten zu meiden. Man akzeptiert, dass man nun einer anderen Gesellschaftsklasse angehört. Die Anzahl der Gleichgesinnten ist riesig und so wendet man den Blick weg von dem, was Schmerzen bereitet und stürzt sich ins *Single* Getümmel. Sollen die lahmen Feste doch ohne einen stattfinden. Es fängt an gut zu tun, sich mit Frauen und Männern zu umgeben, die ihre eigenen Geschichten haben und eben nicht die Art von Geschichten, wer den schönsten Rollrasen oder den größten Grill hat. Banalitäten, die vom wirklichen

Leben ständig abgelenkt haben. Als Single begegnest Du dem Leben außerhalb von Reihenhauszaun und Grillabendplausch. Du lernst die Menschen hinter der Fassade kennen, weil sie zerbrochen ist, irgendwann und manchmal ist es erschreckend, was anderen Gleichgesinnten wiederfahren kann. Gerade wenn es um die grausamen Facetten von Trennungen und Scheidungen geht. Da verblasst der eigene Schmerz wie eine wie ein Traum, an den man sich morgens nicht mehr erinnert.

Ich las kürzlich in einem Buch die Frage: »Wer ist der wichtigste Mensch?« In dem Buch wurde man aufgefordert über diesen Satz nachzudenken. Die Lösung stand dann etliche Seiten weiter. Welche Antwort fällt Ihnen bei diesem Satz ein? Sie selbst? Ihre Eltern? Ihre Kinder? Ich verrate es Ihnen: Der wichtigste Mensch sollte immer der sein, mit dem man sich gerade beschäftigt oder mit dem man spricht. Es kann das eigene Kind sein, der Nachbar oder ein Fremder am Bahnhof mit dem man zufälligerweise ins Gespräch kommt. Damit will ich sagen, dass die Menschen, die wir nach einer Trennung kennenlernen, extrem wichtig sind, um unsere eigenen Erfahrungen, mit denen der anderen zu mischen, um dieses Wissen, dazu zu verwenden, um aus dieser geläuterten Phase des *Single - Daseins* als potentieller und wundervolle Partner hervorgehen zu können, die gelernt haben was wirklich zu leben und zu lieben heißt. Das ist der Grund, warum alle Partnerlosen, diesen Zeitabschnitt als Studium der Menschlichkeit sehen sollten, mit dem festen Glauben an die Liebe irgendwo da draußen und dem Wissen, dass der Richtige sich bereits auf den Weg gemacht hat.

Bitte heirate mich nicht!

Alle Menschen träumen von der idealen Beziehung. Die Verheirateten ebenso wie die Singles. Allerdings sind Letztere aufgrund ihrer Bereitschaft, sich ganz neu auf die Liebe einzulassen, näher dran als jene, die sich noch in einer der anderen Beziehungsmodelle befinden und sich noch mit Kompromissen und eingefrorenen Denkmustern und Verhaltensweisen rumschlagen müssen, um irgendwann herauszufinden, dass Sie sich besser zu der nächsten Liebesphase aufmachen. Doch die ideale Beziehung steht beruhigender weise jedem offen. Den Solisten genauso wie den Verheirateten. Die Liebe, wie sie hier gemeint ist, haben Dichter und Schriftsteller und Philosophen, vor allem jedoch Liebende selbst immer wieder beschrieben. Es ist eine Art freiwillige Abhängigkeit, in die man sich begeben möchte, wenn einem der Partner richtig erscheint und wie wäre das möglich ohne die Liebe!? Zum Wesen dieser freiheitlich gestimmten Liebe gehört, dass zwischen ihrer Idee und ihrer praktischen Umsetzung ein Lernprozess liegt, den ihnen Niemand abnehmen kann.

Man kann diese Liebe nicht anderen verordnen, sondern nur sich selbst. Die ideale Beziehung ist kein Zustand, sondern eine Aufgabe, die es immer wieder neu zu lösen gilt, eine Herausforderung an Körper und Geist. Denn in der Liebe geht es – wie immer im Leben darum, das Begehren nicht in der Befriedigung erlöschen zu lassen. Es gilt, sich guten Mutes auf eine lebenslange Anstrengung ohne Erfolgsgarantie und Haltbarkeitsversprechen einzustellen. Die wahren Romantiker, die in diesem Kapitel endlich um Zuge kommen, sind heute diejenigen, die auf Sicherheit, Steuervorteile und Ehevertrag verzichten. Denn wer es wagt, auf die Annehmlichkeiten der Ehe zu verzichten, beweist, dass man sich immer weiter bemühen will – dem anderen, aber auch sich selbst zuliebe. Wenn es um die Ehe geht, ähneln sich die Schicksale und Erfahrungen eindeutig eher im Unglück als im Glück. Das zeigt sich schon an den zahlreichen Äußerungen über die Einrichtung der Ehe an sich, die allesamt vor allem eines beweisen: Die allerwenigsten Menschen hätten die Ehe von sich aus erfunden. Man muss die Institution nicht so vehement ablehnen, dass man in der Ehe vor allem ein Kürzel für *Errare humanum est** erkennt, und man braucht auch nicht Arthur Schopenhauer zuzustimmen, der verkündete: »In unserem monogamischen Weltteil heißt heiraten, seine Rechte zu halbieren und seine Pflichten zu verdoppeln« Auch sonst muss sich die Ehe viel von großen Dichtern gefallen lassen: »Ehe ist eine lebenslängliche Doppelhaft ohne Bewährungsfrist und Strafaufschub, verschärft durch Fasten und gemeinsames Lager« (Jean-Paul Satre) »Die Ehe ist vergleichbar mit Freiheitsberaubung in beiderseitigem Einvernehmen, deshalb sollte man immer verliebt bleiben und daher niemals heiraten« (Oscar Wilde). Claudia Cardinale hat es auch sehr schön beschrieben: »Die Ehe funktioniert am besten, wenn beide Partner ein bisschen unverheiratet bleiben«

Da ich im Vorangegangenen so viele Beispiele von zwar zeitweise durchaus glücklichen, doch letztlich meist gescheiterten Beziehungen gegeben habe, möchte ich mich an dieser Stelle vor allen bei den glücklich verheirateten Menschen verneigen – in Bewunderung, Anerkennung und tiefster Mitfreude. Wenn Sie, der Sie dies lesen, von sich sagen können, dass sie glücklich verheiratet sind, und das nicht erst seit gestern, so haben Sie erreicht, was andere sich erträumen. Alle anderen mögen sich mit Clint Eastwood trösten, der sagte: »Es gibt nur eine Art, glücklich verheiratet zu sein, und sobald ich weiß, wie es geht, heirate ich wieder.« Der Liebe mag man nicht entgehen können, der Ehe allemal. Wer heute liebt, muss nicht zwangsläufig auch heiraten. Wer heiratet, muss nicht unbedingt zusammenwohnen. Wer zusammen wohnt, muss nicht zwingend Kinder bekommen. Wer doch Kinder in die Welt setzen möchte, muss heutzutage nicht mehr heiraten. Eine kurze Zusammenstellung der wirksamsten Ehevermeidungs-strategien kann also in keinem Fall schaden:

- Eigenständiges Denken seitens der Frau hat auf Männer fast immer eine zuverlässig abschreckende Wirkung

- Weibchen, die sich hilflos, naiv und schutzbedürftig geben, lernen mit Sicherheit einen egoistischen Macho kennen, der das ganze Leben lang auf einen aufpassen will. Wer will das schon?

- Heiratsunwillige Männer sollten in Gesellschaft von Damen unbedingt als gesprächiger *Frauenversteher* auftreten, die man bestenfalls nur zum Freund haben möchte.

- Weder Damen noch Herren sollten mit Ihrem Vermögen prahlen, sofern sie über eins verfügen, das zieht an wie der Honig die Bienen.

- Frauen, die sich selbst als Heiratskandidatin ausschließen wollen, sollten einen Beruf ergreifen, der sie quasi Rund um die Uhr in Anspruch nimmt. Männer schätzen es im Allgemeinen gar nicht, wenn eine Frau weniger Zeit hat als sie selbst.

- Eine Brille auf der Nase, die sich ständig hinter einem Buch versteckt ist eines der zuverlässigsten *Ehe-Kondome* für Durchschnittsmänner.

Sollte es aber trotz aller Vorsichtsmaßnahmen zum Kniefall kommen, gibt es immer noch Tricks, das Steuer im letzten Moment noch rum zu reißen: Denkt man sich die romantischen Umstände, die diese Heiratsanträge üblicherweise begleiten, einmal weg, fällt es schon deutlich leichter, sie als das zu erkennen, was sie eigentlich sind. Nämlich die romantisch, zaghaft formulierte Frage: »Willst du den Rest

Deines kostbaren Lebens ab jetzt mit mir allein verbringen?«
Na, wie hört sich das an...?

...eben!

Dass es in den meisten Fällen klüger, gesünder, freudvoller und lohnender ist *nicht* zu heiraten, hat mit der Institution Ehe ebenso zu tun wie mir der Natur des Menschen. Immer wieder wird verdrängt, ignoriert oder schlicht übersehen, dass die Ehe ihrem Wesen nach ein Zweck – und Schutzbündnis ist und kein Mittel für lebenslängliches Liebesglück. Wer heiratet, verordnet sich eine gemeinsame Zukunft. Jedoch: Die Liebe geht, die Ehe bleibt. Denn die Beständigkeit des Gefühls lässt sich nur erhoffen, nicht planen. So verheiratet Körper und Kopf auch sein mögen, es bleibt die Seele immer unvermählt. Dennoch heiratet man zum eigenen Besten und hoffentlich nicht zum Nachteil des Anderen. Keiner tut es, um den anderen zu betrügen und unglücklich zu machen oder selbst enttäuscht zu werden – auch wenn es das ist, was am Ende nicht selten dabei herauskommt.

»Worst Case«

Ich hätte mich natürlich auch etliche Kapitel kürzer fassen und sagen können: Die Ehe funktioniert einfach nicht. Männer und Frauen passen nicht zusammen. Ende! Diese Erkenntnis ist zugegebenermaßen nicht ganz neu, was sie aber nicht weniger wahr macht. Aus weiblicher Sicht ist das so, weil Männer stundenlang mit elektrischem Rasierer am Kinn durchs Haus laufen können, aber nie Zeit haben, den Müll runterzubringen. Männer kriegen es fertig, sich durch mehr als dreißig Fernsehprogramme zu zappen, weil sie einen Film suchen, der ihrer Frau garantiert nicht gefällt (meistens Sport – oder Schießfilme). Die Fernbedienung dient ihnen dabei als geheimnisvolle Macht, Ehefrauen aus dem Wohnzimmer zu vertreiben. Die beliebten und anspruchsvollen Frauenfilme auf einschlägigen Privatsendern könnten womöglich dem neu erworbenen Plasma Fernseher mit *Ambilight** großen Schaden zufügen. Das dürfen Sie nicht zulassen. Wenn die Frau dann tatsächlich auf die Idee kommt, stattdessen lautstark mit der Freundin zu telefonieren, wird die Tür hinter ihr auch noch zugemacht.

Mich erinnerte das früher immer an einen Neandertaler, der vor dem Lagerfeuer sitzt und darüber sinniert, wie viele Büffel er heute erlegt hat. Man trifft sich dann nach Sendeschluss im gemeinsamen Ehebett. Entweder ist Frauchen noch wach, hat aber die Nase in einem Buch vergraben, oder sie gibt schon eindeutige Geräusche von sich und ist zu *nichts* mehr zu gebrauchen, was sich Homo Sapiens, jetzt durchaus noch vorstellen könnte. Männer wundern sich außerdem, warum Frauen jeden freien Quadratzentimeter des Badezimmers mit Duftwässerchen, Cremetiegeln und Schminke besetzen, aber trotzdem nicht wie Jessica Alba aussehen. Frauen finden in einer 3 Zimmerwohnung locker Platz für 30 Paar Schuhe, bemerken aber mit Nachdruck, dass sein Golfbag aus Platzmangel in die Garage muss. Frauen und Männer haben ein völlig unterschiedliches Lichtempfinden. Für den Mann gilt *An* und *Aus*. Die Frau, das komplexe Wesen, findet für jede noch so unterschiedliche Stimmung auch eine unterschiedliche Beleuchtung: Da gibt es die *Putzbeleuchtung* (relativ hell), die *Kochbeleuchtung* (nur Licht an den Unterschränken der Küche und über dem

Esstisch) Bei der *Gästebeleuchtung* wird, wenn möglich, etwas gedimmt und mindestens 1 Kerze angezündet. Bei der *Fernsehbeleuchtung* braucht der Gatte Licht *aus*. Das blaue Geflimmer des Fernsehers reicht seiner Meinung nach völlig aus. (ähnelt dem urzeitlichen Lagerfeuer) Die Frau dagegen benötigt noch mindestens ein kleines Lämpchen neben dem Sofa, um in den Werbepausen ein paar Seiten im Buch weiterzulesen, welches gestern im Bett so spannend begonnen hat. Kommen wir jetzt zum wichtigsten Licht (sicher habt ihr alle schon darauf gewartet). *Die Sex-Beleuchtung*:

Hier die Antwort:

Mann „*an*"

Frau „*aus!*"

Frauen trennen penetrant Müll und damit vielleicht auch ihre Ehe. Denn Männer sind der Überzeugung, dass alles *sowieso* wieder zusammenkommt. Aber sicher nicht er, mit seiner zukünftigen Exfrau (kapiert?) Frauen kaufen (und essen) Salat! Gemüse! Obst! Dies passiert den meisten Männern nur im Notfall, also dann, wenn es ihnen die Mama oder die Ehefrau vorsetzt. Unversorgte Männer halten sich an die bewährte Dauerdiät aus Tiefkühlpizza, Stulle und Kartoffelchips. Die Vermögenden unter den Junggesellen, gönnen sich den Luxus allabendlich Essen zu gehen, bevorzugt in wechselnder weiblicher Begleitung. Männer verachten grundsätzlich weiblichen Musikgeschmack, haben aber selbst oft keinen. Bei finanziellen Engpässen schränken Frauen ihren Schuhkonsum vorrübergehend ein, machen bezahlte Überstunden und hoffen auf bessere Zeiten oder ein dreizehntes Gehalt. Männer kaufen stattdessen Aktien, gehen in die Spielbank oder hoffen, dass die weggeworfene Rechnung der Gläubiger einfach vergisst. Wo Männer zu viel Bier oder Wein trinken, essen Frauen zu viel Schokolade. Ein Mann hat die Gabe im Spiegel trotz weniger Haare und Bauch einen Adonis anzulächeln, während den Frauen beim Anblick ihrer selbst nur noch der Gedanke der Frucht *Orange* in den Sinn kommt. (Ach, das habe ich ja ganz vergessen, *die Frauen-Bad-Beleuchtung:* leicht diffuses Licht ausschließlich um den Spiegel herum) und ich habe den Mann dazu nicht erwähnt, der beim Öffnen der Bad Türe erstmal die 200 Watt Beleuchtung mit dem Hauptschalter auf »*an*« stellt, während er seine (im schlimmsten Fall) nackte Frau beim ungestörten Beine rasieren überrascht, um zu fragen, wann es heute Essen gibt. Mit der Darstellung von solchen und ähnlichen Unterschieden, ihrer Diagnostizierung, Erläuterung und Einebnung haben sich längst andere befasst, die mehr davon verstehen. Das Schöne jedoch ist, dass sich die Liebe, so entschlüsselbar ihre einzelnen Zutaten auf dem heutigen Stand der Wissenschaft erscheinen, wieder in ein Geheimnis verwandelt, sobald sie zwei Menschen erfasst. Dann nämlich kommen jene Eigenschaften zum Tragen, die Frauen an Männern und Männer an Frauen zwar nicht verstehen können, die aber unvermindert starke gegenseitige Anziehung bewirken. Für den täglichen Überlebenskampf mögen wir nicht mehr aufeinander angewiesen sein, aber um uns in unserer ganzen Persönlichkeit voll zu entwickeln, benötigen wir diesen positiven Stress unbedingt.

Große Erwartungen

Erst wer klaren Verstandes und offenen Herzens auf andere Menschen zugeht und sie in ihrem Anderssein akzeptiert, wird auch aus sich alles herausholen, was in ihm steckt – und so die Liebe entdecken. Diese Bereitschaft ist Grundvoraussetzung für das Erleben der idealen Beziehung. Die meisten Leute erwarten, dass ihnen die Liebe eines Tages zustößt und dass sich alles Weitere dann schon ergeben wird. Es ist aber nicht das große Gefühl, dass uns wiederfährt, sondern der andere Mensch. Diese glückliche Begegnung, ob man sie nun Schicksal nennt oder Zufall; bekommen wir irgendwann geliefert, wie ein Paket vom Universum; was wir daraus machen, bleibt uns selbst überlassen. Helfen kann uns dabei niemand. Spätestens dann ist es notwendig, dass wir unsere Liebesgewohnheiten ändern, nicht nur dem Partner zuliebe, sondern auch für uns selbst. Am Anfang erscheint dies mit Hilfe der Hormone und der Bindungsmoleküle relativ einfach zu sein, so als könne man gar nicht anders. Denn wer verliebt ist, stellt den anderen ganz von selbst über sein eigenes Ich. Das eigene

Wohlbefinden hängt schließlich elementar davon ab, wie es unserem Gegenüber geht. Die Glücksstoffe im Gehirn machen uns dann zu angenehmen Artgenossen. Wir sind sanfter, verständnisvoller und aufmerksamer. Mit der allmählichen Rückkehr zum biologischen Normalzustand kommt aber auch der Narzissmus wieder: Wer liebt, möchte in gleichem Maße zurück geliebt werden! Auf einmal ist weniger entscheidend, wie es dem anderen geht, sondern was er dafür tut, dass es einem selbst gut geht. Wie eine Liebeswage, die sich ständig das Gleichgewicht halten muss. Die Verliebtheit hat dann in der Regel bereits zu einer Beziehung geführt, die sich alsbald als Beziehungskiste darstellt. Bereits der Begriff *Beziehung* verrät die Einschränkung, die damit verbunden ist: Wir setzen uns zueinander in Beziehung, relativieren uns. Da bist du, da bin ich. Das sind deine Erwartungen, Wünsche, Bedürfnisse, das sind meine. Das versucht man dann möglichst dauerhaft unter einen Hut zu bringen und packt es in den Begriff *Liebe*.

Die Liste von Eigenschaften, die Forscher am Bundesbevölkerungsinstitut für eine aus soziologischer Sicht *ideale Paarung* aufgestellt haben, liest sich einigermaßen utopisch:

»Frau und Mann verbindet eine starke Emotionalität und Sexualität. Sie kommunizieren regelmäßig und haben einen positiven Kommunikations-stil, sind treu, gegeneinander solidarisch und unterstützen sind, haben gemeinsame Kinder, Freunde und Wohneigentum. Weder ihre noch seine Eltern haben bisher eine Scheidung erlebt. Sie sind gleich gebildet und etwa gleichen Alters. Sie haben ähnliche Interessen und Lebensanschauungen. Die Heirat fand erst nach längerer gemeinsamer Wohngemeinschaft und nach einer längeren Beziehungsdauer statt. Die Beiden sind traditionell und religiös orientiert und leben nicht in der individualistischen Umgebung von Großstädten.«

Diese Kriterien werden von immer weniger Leuten erfüllt, weshalb Familienforscher in Zukunft keine guten Chancen für dauerhaft harmonische Beziehungen und Ehen sehen. Das ist insofern besorgniserregend, weil Scheidungen nicht nur für die beiden Beteiligten entsetzlich sind, sondern vor allem für die Kinder, die diese traumatische Erfahrung eines Tages wiederum in ihren eigenen Beziehungen belasten wird. Aber entgegen solcher Erkenntnisse können wir nun mal nicht aus unserer Haut, und müssen weiterhin daran glauben, dass die Liebe, so empfindsam sie auch immer sein mag, zumindest eine Chance bekommen muss. Denn nur sie kann uns die Hoffnung geben, dass zwei Menschen zumindest die Möglichkeit bekommen, eine Familie zu gründen und somit unseren Fortbestand auf eine von der Gesellschaft angesehene Weise zu sichern. Diese Form der Ehe, die ein Leben lang oder zumindest einen langen Abschnitt halten soll, stellt harte Forderungen an jeden von uns! Wenn wir uns derer schon vorher bewusst sind, haben wir keine Ausreden mehr, wenn wir uns für diese kirchlich oder standesamtlich vereinigte Beziehung eines Tages entscheiden. Dann müssen wir durchhalten – oder es lassen!

Wir müssen begreifen, dass unsere Welt außerhalb der trauten Zweisamkeit, geprägt ist, von Berufsstress, erotischer Konkurrenz und Selbstverwirkungsphantasien. Später kommt dann die Entfremdung der Eheleute durch die Geburt und Erziehung der Kinder erschwerend hinzu. Die Beziehung, so schön sie auch am Anfang sein mag, muss täglich einem Kugelgewitter von äußeren Einflüssen standhalten. Dazu kommt, dass wir uns heutzutage nicht nur eine beständige, sondern auch eine gute Partnerschaft wünschen.

Die Qualität der Ehe ist uns wichtig: Männer wünschen sich eine verwöhnende Ersatzmutter, eine fleißige und ordentliche Hausfrau und Köchin, eine intelligente und witzige Gesprächspartnerin, die auch mal in Strapsen auf den Büroheimkehrer wartet. Der weibliche Part im Gegenzug erwartet, dass der Ehemann ihr bester Freund, ihr feuriger Liebhaber, ein treusorgender Vater und fleißiger Hausmann sein soll. Nebenbei soll er noch einen angesehenen Job machen, um ein Haus und wenn möglich zwei Autos finanzieren zu können. Schwindet irgendwann die Intimität, relativiert sich auch der Wunsch nach Dauer. Werden die Standards nicht mehr erfüllt, heißt es: »So nicht!« Heutzutage muss schließlich niemand mehr zusammenbleiben. Das führt auch meistens dazu, dass einen das Gefühl beschleicht, man müsste sich nicht mehr sonderlich anstrengen. Hohe Erwartungen an den Partner zu stellen ist einfach. Aber haben wir auch die Stärke diese Anforderungen an uns selbst zu stellen? Wo das private Glück viel mehr als früher von einem erfüllten Liebesleben abhängt, ist die Angst vor Verletzung ebenso groß wie die vor Zeitverschwendung mit dem falschen Menschen. Der Tatsache, dass wir uns dank Freuds Lehre und küchenpsychologischer Tipps allerorten der Mechanismen unserer Seelen bewusster sind als je zuvor, steht eine immer höhere Erwartung an den Anderen gegenüber. Dieser soll unser hochkomplexes Ego in seiner Komplexität nicht nur erkennen und bestätigen, sondern ihm in seinem Tun auch noch genau entsprechen. Wir erwarten, dass uns der andere von sich aus versteht und instinktiv etwa begreift, dass hinter einer schroffen Absage manches Mal nur die Aufforderung steckt, sich stärker zu kümmern. Männer wie Frauen bedienen sich zumal in der Phase des Kennenlernens oft eines verwirrenden Codes, dessen einzige Regel darin besteht, dem anderen nicht zu sagen, was man eigentlich will oder fühlt, sondern sich hinter einer Mauer aus Coolness und Abgeklärtheit zu verschanzen. Dahinter verbirgt sich zwar auch das uralte, lustvolle Liebesspiel von Flucht, Verfolgung und Überwältigung, aber es steckt noch mehr dahinter als neckisches Balzverhalten. Oft ist es Unsicherheit, Angst und Glaube, alles müsse von selbst an seinen Platz fallen. Mit anderen Worten: Wo alles ständig möglich ist, ist der Toleranzlevel auf einen erschreckend niedrigen Pegel gesunken.

Gerade in unserer Zeit der *unendlichen Möglichkeiten* und Versuchungen, wird kaum noch die Liebe selbst als das eigentliche Wunder wahrgenommen. Bedeutend ist nur noch ihre Beständigkeit. Eine schier unmögliche Aufgabe für die zerbrechliche und empfindsame Blume *Liebe* Wo sich alle scheiden lassen und man sich von einer Beziehung zur nächsten hangelt, wo die Ratlosigkeit ansteckend und der Verfall allgegenwärtig ist, ist die Dauer zum Ziel mit beinahe mythischen Ausmaßen geworden. Paaren, denen das Unwahrscheinliche gelingt, also ein Leben lang zusammen zu bleiben, werden eines Tages noch Denkmäler gesetzt werden. Bereits jetzt wird ihnen mindestens ein bewunderndes, ehrendes Gedenken im gesamten Familien- und Bekanntenkreis bewahrt. Auf einer Bank im New Yorker Central Park prangt so bereits die ein oder andere Messingplakette: »Zum Gedenken an Joy, die immer so gerne hier saß, und Mike, der ein Leben lang neben ihr saß, von ihrer Tochter Sarah.« Wir erwarten von unserer Liebesbeziehung, dass sie all unsere Bedürfnisse befriedigt – auch wenn praktisch alles dagegenspricht. Dabei sollen nicht nur Alltagssorgen romantisch abgefedert werden, sollen Lebensvorstellungen zueinanderpassen und die Geschmäcker sich ähneln, sondern auch im Bett sollen beide zur selben Zeit dasselbe wollen. Abweichungen stellen ein Problem dar, das anzusprechen gefährlich sein kann. Wer sich beklagt, läuft Gefahr, umgehend vor die Tür gesetzt zu werden mit dem Hinweis: Wir passen wohl doch nicht zusammen. Die Anforderungen der vollständigen Verzahnung übersteigen die Kompromissbereitschaft und Anpassungsfähigkeit des Durchschnittpartners oft bei weitem. Früher hoffte man, dass der andere einen anständig behandelte, gelegentlich in den Arm nahm und hin und wieder zuhörte, wenn es etwas zu besprechen gab. Inzwischen allerdings besteht bereits Diskussionsgefahr, wenn man einmal einige Stunden lang nicht auf eine *WhatsApp* Nachricht reagiert. Das romantische Betriebssystem ist extrem anfällig geworden. Kleinste Frequenzstörungen bringen es zum Absturz, und den technischen und nervlichen Anforderungen eines Neustarts ist nicht jeder gewachsen. Wir hängen einem Traum von Liebe nach, der wie ein Bildschirmschoner immer genau dann auf der romantischen Mattscheibe auftaucht, wenn wir gerade nicht aktiv daran arbeiten. Dann fallen uns ältere Paare auf, die Hand in Hand auf einer Parkbank sitzen oder spazieren gehen. Junge Eltern, die lachend mit ihren Kindern spielen und sich mittendrin einen langen, innigen Blick zuwerfen, oder Teenager, die sich voller Begeisterung füreinander auf offener Straße umarmen und küssen. Sehnsüchtig blicken wir ihnen hinterher und denken: „So müsste es sein. Bei allen. Immer! Von Natur aus neigt der Mensch dazu, das Wesen aller Dinge endgültig feststellen zu wollen. Wir zermartern uns den Kopf über alles und jeden, weniger wenn wir zufrieden sind aber umso mehr, wenn wir ein Lüftchen des Unbehagens spüren, meist ausgelöst durch Nichtigkeiten. So kann sich eine sanfte Brise nur durch unsere Gedanken von einem Moment auf den anderen in einen Sturm verwandeln, der alles zerstört, was sich in seiner unmittelbaren Nähe befindet. Oft können wir gar nicht anders, als das Getöse in uns zuzulassen und deshalb sind wir auch der Ansicht, dieser Orkan in uns, habe in diesem Moment sein Daseinsrecht. Erst wenn der Sturm sich wieder legt, weil wir entkräftet sind, vom vielen reden, schimpfen oder weinen, erst dann wird uns klar, dass wir anders hätten handeln können. Wir sehen das Chaos, welches dadurch angerichtet wurde und wir wollen es ungeschehen machen. Wir versuchen wieder Ordnung zu schaffen, aber ein paar Dinge sind in dem Sturm zu Bruch gegangen. Die Risse sind jeden Tag zu sehen. Und mit jedem weiteren Lüftchen in uns, werden die Risse größer werden, bis alles irgendwann zerbricht. Aber das muss nicht sein. Wir haben jeden Tag die Wahl zu entscheiden, was wir sagen und was wir tun. Wir können aus Mustern ausbrechen. Wir haben so viele Möglichkeiten eine Beziehung oder Ehe zu erhalten. Doch wir wählen oft den Sturm und vergessen dabei die sonnigen Tage, die uns eins zusammengeführt haben.

So soll es nun sein

Die Zutaten für die perfekte Liebe mögen in jedem Kochtopf der Erwartungen andere sein. Was wir jedoch alle möchten, ist, dass wir irgendwann am Tisch sitzen und das Leben hat uns das beste Essen unseres Lebens zubereitet. Wir genießen es aus vollen Zügen und lächeln vor uns hin, weil uns das Glück überflutet und wir nichts Anderes möchten, als das dieser Teller niemals leer wird. Ich kann Ihnen nicht versprechen, dass die folgenden Zutaten Ihrem Geschmack entsprechen, aber ich kann Ihnen empfehlen, dass ein Gericht mit den folgenden Ingredienzen zumindest dazu führt, dass Sie danach satt und zufrieden sind.

Respekt und Achtung:

Das sind die Eigenschaften, die uns davon abhalten uns gegenseitig zu verletzen oder abzuwerten.

Interesse:

Jeder Partner hat Vorlieben, Hobbies oder Arbeiten, die ihn ausfüllen. Wir sollten dem Partner zeigen, dass wir daran interessiert sind, mehr darüber zu erfahren.

Aufrichtigkeit:

Es ist erwiesen, dass wir pro Tag mehr als 20 Mal zu unserem Gegenüber unehrlich sind. Wir tun dies meist nicht aus Boshaftigkeit, sondern um eine Situationen in eine bestimmte Richtung laufen zu lassen, die uns Vorteile verspricht. Vielleicht auch nur, um den negativen Auswirkungen einer *Wahrheit* zu entgehen. Wenn mit diesen kleinen Unwahrheiten niemand emotional verletzt wird, ist alles in Ordnung, vorausgesetzt man kann das mit seinem eigenen Gewissen vereinbaren. Doch was ist, wenn es um einen Vertrauensbruch geht, der für einen selbst, vor allem für die Familie oder Kinder schwerwiegende Folgen haben kann. Viele Partner, die einen Menschen betrogen haben, versuchen möglichst lange diese Lüge aufrecht zu erhalten. Es wird abgewartet, Tage, Wochen oft sogar Monate: *ob man damit durchkommt*. In den wenigsten Fällen kann eine außereheliche Affäre auf Dauer unentdeckt bleiben. Wenn irgendwann (*und es ist immer nur eine Frage der Zeit*) alles ans Licht kommt, ist der Vertrauensbruch schon so groß, dass es meistens keine Rettung mehr für die Beziehung oder Ehe gibt. Wäre es da nicht einfacher für Beide gleich reinen Tisch zu machen, wenn man merkt, dass ein anderer Mensch Gefühle in einem auslöst, die man vielleicht am Anfang nicht genau einordnen kann. Allein die Anwesenheit von Aufrichtigkeit in einer Beziehung ist eines der reinsten Gefühle in einer Situation, die gefährlich und vielleicht sogar aussichtslos erscheinen mag. Eine Beichte ist immer etwas Befreiendes. Ob im Gotteshaus oder im eigenen Zuhause. Allein die Nähe, die dadurch entsteht, dass sich Eheleute, die sich im Laufe der Zeit gefühlsmäßig entfernt haben auf diese Weise wieder einander zuwenden, auch wenn es sich anfangs um Streitigkeiten handelt, kann großartig sein. Man sieht sich nach langer Zeit wieder tief in die Augen. Der Betrügende mag zwar das Gefühl haben, dass er durch das Eingeständnis seines Fehlers Schwäche zeigt, doch genau das Gegenteil ist der Fall. Diese Aufrichtigkeit ist das größte und vielleicht letzte Kompliment, das er seinem Partner machen kann. Denn diese Wahrheit verbindet beide Partner und sei es nur für die Zeit dieses Gesprächs. Alles was danach kommt wird zeigen, ob auch der betrogene Partner auf der Seite der Liebe oder auf der des Besitzanspruches steht. Auch er muss jetzt mit offenen Karten spielen, denn keineswegs ist es immer eine Katastrophe, für den der die Wahrheit hört. Je nachdem, wie die Liebe in dieser Phase der Beziehung empfunden wird, kann dieses Gespräch ebenfalls ein Befreiungsschlag sein. Allerdings ist es dann ein sehr einfacher Weg vom Liebeskarussell abzusteigen, ohne dabei das Gesicht zu verlieren. Im Gegenteil, man ist den Partner los und hat auch noch die erhabene Möglichkeit das gekränkte Opfer spielen zu können. Wie auch immer so ein Geständnis auch enden mag, es bringt mit Sicherheit etwas ins Rollen und zwingt eine Veränderung, eine andere Sichtweise herbei. Diese kann eine belebende Wirkung auf eine festgefahrene Partnerschaft haben oder auch das Ende bedeuten. In beiden Fällen wird sich aber mit Sicherheit das Leben der Beiden verändern. Dieser Meinung war schon Konfuzius mit seiner Aussage:

Wirklich glücklich wird nur der, der sich oft verändert.

Fazit ist, dass eine Lüge auf Dauer immer mehr Schaden anrichtet, als ein ehrliches Eingeständnis eines Betrugs.

Nähe und Vertrauen

Wir brauchen, um uns mit einem Menschen geborgen zu fühlen, täglich ein paar Momente in denen wir fühlen, dass der Geliebte zu uns gehört: Das kann die Hand sein, die beim Spazierengehen nach der Eigenen greift oder ein spontaner Kuss, der immer auch beide Hände benutzt. Es sind Gesten, die nicht viel Zeit beanspruchen, die uns jedoch Sicherheit und Frieden geben und die Erkenntnis, da gibt es einen der zu einem steht. Natürlich ist es auch wichtig, dass es da Gemeinsamkeiten gibt, die beide begeistern. Oft ist das die größte Schwierigkeit und wir sollten unbedingt am Anfang herausfinden, ob dem so ist, auch wenn es in der Phase der großen Verliebtheit, nicht wichtig erscheint. Wenn einmal die Kinder *eingezogen* sind, bleiben den Partnern in den ersten Jahren nicht viele Momente der innigen Zweisamkeit. Schon aufgrund der Rollenverteilung, trennen sich die Wege innerhalb der Beziehung. Die Frau kümmert sich vorwiegend um den Nachwuchs, das Essen und die Sauberkeit. Der Mann bedient seine Aufgabe als der *Herr im Haus* und kümmert sich um das *Grobe*: Getränke holen, Rasen mähen, Autowaschen. Selbst dann, wenn gemeinsame Aktivitäten mit der ganzen Familie anstehen, bleibt oft nur noch wenig Zeit für das Paar, welches vor der Familiengründung aus nur 2 Menschen bestand. Deshalb ist es so bedeutend, dass die einzige Gemeinsamkeit, die Paare nach einigen Jahren Ehe noch haben nicht nur aus dem zufälligen Zusammentreffen abends vor dem Fernseher stattfindet. Hier gilt es diese wichtige Phase der Zweisamkeit regelrecht in den oft stressigen Alltag mit einzuplanen, auch wenn es ziemlich unromantisch klingt. Hier gilt es tatsächlich Tage zu planen, an denen sich vom Alltag *frei genommen* wird. Die Kinder von den Großeltern betreut werden und das Paar ein paar

Stunden oder vielleicht sogar ein Wochenende nur für sich hat, um ihre Liebe erhalten zu können.

Distanz:

Am Anfang einer Liebesbeziehung ist es schier unmöglich vom anderen zu lassen. Man sucht die ständige Nähe und Berührung. Man lernt den anderen allmählich kennen mit seinen Stärken und Schwächen und diese führen dazu, dass ein Paar langsam zusammen wächst. Was jedoch nicht heißt, dass der eine für den anderen ein offenes Buch sein muss. Nicht jedes Detail aus der Vergangenheit oder dem täglichen Leben ist für eine Beziehung interessant. Es kann sogar passieren, dass der Partner, sich aufgrund der vielen Informationen, ein eigenes Bild von seinem Partner macht, als sich die Mühe zu machen, den wirklichen Menschen im hier und jetzt zu erforschen.

Humor:

Für mich persönlich, eines der schönsten Nebenwirkungen einer Beziehung. Zwei Menschen, die sich selbst nicht so ernst nehmen, haben auch die Eigenschaften, eine Situation, die bei ernsten Menschen oft im Sturm endet, durch ihre Heiterkeit in einen witzigen Wortaustausch zu verwandeln, um dem Partner ein Lächeln auf die Lippen zu zaubern. Menschen, die viel lachen sind zweifellos die schöneren Menschen. Das ist eine Tatsache, die auch dem Gegenüber nicht entgehen wird. Vor Freude strahlende Augen, können die Liebe immer wieder aufs Neue entfachen und dem Paar das großartige Gefühl geben, dass alles passt. Lachen löst eine Flutwelle von Glückshormonen in uns aus, was den Körper und Geist gesund bleiben lässt.

Toleranz:

Unter *Lieben* verstehe ich, jemandem Gutes tun zu wollen und sich immer wieder daran zu erinnern, dass sein Wohlergehen mir wichtiger sein sollte als mein eigenes. Den guten Vorsatz zu fassen, für den anderen ein besserer Mensch zu sein. So zu lieben ist eine echte Herausforderung. So geliebt zu werden eine wahre Sensation. Liebe ist ein vollkommenes Gefühl in einer unvollkommenen Welt. Von der schönen Idee, dass Liebende nicht nur seelisch, sondern auch körperlich immerzu vereint sind, muss sich allerdings jeder irgendwann verabschieden. Der Schwur körperlicher Treue läuft meistens auf einen Meineid hinaus. Hat man das erst einmal akzeptiert, lebt es sich gar nicht so schlecht zusammen mit dem Menschen, den man liebt. Es ist allerdings ein Pakt, der sich nur unter Gleichgesinnten schließen lässt. Das erfordert: Klugheit, Verständnis und unendlich viel Disziplin; im Geist sowie im Herzen. Wie unglücklich eine Liebe sein kann, die nur noch in den Köpfen existiert, müssen viele Ehepaare täglich am eigenen Leib erfahren. Die ideale Beziehung verlangt nach gegenseitiger erotischer Erfüllung, nach einer Zärtlichkeit, die auf die wirkliche Selbstständigkeit und Freiwilligkeit der Partner gebaut ist. Toleranz ist dazu unbedingt notwendig. Wird sie jedoch mit Selbstaufgabe bezahlt, ist der Preis zu hoch! Warum ist es so schwer, in der Liebe die richtigen Zutaten in der passenden Dosis, nicht nur zu finden, sondern auch zu wahren. Es ist ein wahrer Balanceakt zwischen Annäherung und Entfremdung. Zwischen Wut und Sehnsucht und der Bereitschaft, ganz für den anderen da zu sein und dennoch sein eigenes „*ich*" zu schützen. Mir scheint den meisten Menschen geht es wie mir: Wir wollen in der Liebe einfach von allem zu viel. Wir wollen Leidenschaft, Vertrautheit, Zärtlichkeit und Geborgenheit. Wir wollen den anderen verstehen und sich für ihn ernsthaft interessieren, aber im Gegenzug möchten wir auch die Bestätigung vom Partner haben, dass wir in seinen Augen für ihn perfekt sind, so wie wir sind. Wir wollen am liebsten ohne ausgesprochene Worte verstanden werden. Wenn es um die Gedanken über Liebe geht, werden, übertreiben wir einfach maßlos in unseren Anforderungen an den Geliebten! Wir vergessen dabei ganz, dass Liebe mit viel Arbeit verbunden ist und kein *Perpetuum mobile*, dass sich bis in die Ewigkeit selbst antreibt. Eine Liebe zu erhalten ist mühsam. Immer für den anderen liebenswert, attraktiv und potent zu erscheinen, ist auf Dauer anstrengend und ermüdend. Doch wenn man sich mit der Tatsache: *Der Weg ist das Ziel* anfreunden kann und einem der Erhalt seiner Beziehung als eine der schönsten Herausforderungen des Lebens erscheint, werden auch die Anstrengungen, die Berge und Täler, als der schönste Spaziergang erscheinen, den man je unternommen hat. Es ist also lediglich eine Frage der eigenen Einstellung. Für alle Leser, die nicht bereit sind, diese Herausforderung anzunehmen, beantworte ich die Frage in meinem Titel mit einem klaren »**nein**«

In einer idealen Beziehung hat die Liebe viele Facetten. Ihre Magie besteht darin, dass das Gefühl immer wieder neu ist, immer wieder neu erkannt und genossen werden kann. Diese Liebe will den anderen nicht verändern, sondern höchstens sich selbst. Wer ehrlich liebt, will für den anderen ein besserer Mensch sein. Und so ist die perfekte Beziehung untrennbar mit der Suche nach dem Lebenssinn verbunden. Wer ihn darin erkennt, sein Potential auszuschöpfen, alles aus sich herauszuholen, was in einem steckt. Das bedeutet jedoch auch, dass man so oft hinter seinen eigenen Möglichkeiten zurückbleibt und nicht alles ausleben kann, was man in seinem Leben auf seiner Wunschliste stehen hat. Das Streben nach Erfüllung und Erweiterung der eigenen Person wird so unversehens zum Liebesdienst. Wer dem anderen alles sein will, dem erscheint diese Mühe plötzlich mühelos. Das schönste Geschenk der Liebe ist es, geliebt zu werden, nicht nur um seiner selbst willen, sondern für das Potential, das in einem steckt. Die ideale Beziehung, ist daher auch idealistisch gestimmt: Die Partner sehen vor allem das Gute zueinander. Sie kritisieren, nörgeln und verletzen den Geliebten nicht. Wer liebt, sieht nicht zuerst die Schwächen, sondern die Stärken. Die Bestätigung des anderen für einen selbst, beflügelt so beide Partner zu Höchstleistungen. Liebe bedeutet, mehr auf den anderen zu achten als auf sich selbst. Zuzuhören, anstatt immer seine eigenen Gedanken, Pläne und Meinungen dem anderen mitzuteilen. Lieben bedeutet es jeden Tag aufs Neue dem anderen zu zeigen und nicht es ihm andauernd zu sagen. Es bedeutet auch, jemanden zu helfen, der zu werden, der er sein möchte – und nicht der, den man selbst haben will. Denn wenngleich sich in einer glücklichen Beziehung Geben und Nehmen die Waage halten müsse, bedeutet Liebe zunächst einmal geben, nicht nehmen. Daraus ergibt sich ein Zustand der uns zutiefst befriedigen kann, weil die Veränderungen, die beim Geliebten dadurch ausgelöst werden, für einen selbst ein hohes Maß an Glück bedeutet. Wir werden so in unserem Verhalten gespiegelt und das, was wir erkennen, ist ein tiefes Gefühl von

Frieden und Stolz in uns selbst und dem Partner gegenüber. Nena hat das so schön in einem Lied formuliert: »Liebe will nicht, Liebe kämpft nicht, Liebe wird nicht, liebe *ist*« Liebe darf nicht immer fragen, ob sie mit derselben Intensität oder gar mit noch mehr Gefühl erwidert wird. Als Kinder haben wir keine andere Wahl, als unsere Eltern zu lieben, genauso wie der Hund der keine andere Möglichkeit hat, als auf die Person fixiert zu sein, die ihn füttert und streichelt. Aber anders als der bescheidene Hund fordert der geliebte Mensch mehr von uns als Essen und Liebkosungen. Es ist unser doppelter Boden, unser Resonanzraum, der Spiegel, in dem wir uns selbst betrachten: Findet er uns klug, begehrenswert und witzig, fällt es uns leichter, uns auch selbst zu mögen. Seine Zustimmung gibt uns Auftrieb. Sie signalisiert aber auch, wie wir sein müssen, um geliebt zu werden. Bis zur Manipulation ist es dann nur noch ein kleiner Schritt. In der idealen Beziehung definieren sich die Partner deshalb nicht über ihre Liebe, sondern sie erfreuen sich daran. Wer eine perfekte Beziehung erleben will, muss autonom sein. Das ist eine Lektion, die sich eigentlich nur als Single richtig lernen lässt. Denn es bedeutet, dass man imstande sein muss zu lieben, ohne ständig danach zu fragen, ob man wiedergeliebt wird. Doch um eine Liebe so sehr auf sich selbst zu gründen, muss man zunächst mit sich selbst im Reinen sein.

Das bedrohlich verkürzte Verfallsdatum der Durchschnittsehe ärgert unseren chauvinistischen Staat, der auf die Vermehrung seiner Bevölkerung und damit seiner Steuerzahler, Verbraucher und Rentenbeitragszahler bedacht ist. Dazu sind stabile Liebesverhältnisse natürlich nützlich. Es wäre auch im Interesse der Krankenkassen, wenn die Menschen sich wieder mehr auf die Dauer der Ehe besinnen könnten, weil sie dann für weniger Therapien, Eheberatungen und Antidepressiva aufkommen müssten. Es gibt Forscher, die prophezeien, dass in unseren Zeiten staatlicher Verarmung und sozialer Unsicherheit die Ehe ein spektakuläres Comeback erleben könnte, weil sie wieder als Trieb- und Schutzbündnis gebraucht wird. Doch damit die Ehe tatsächlich wieder zu dem Ort wird, an dem sich zwei Menschen gegenseitig Wärme, Verständnis und Geborgenheit spenden, müssen wir zunächst unsere Liebesgewohnheiten aufgeben und uns von der Illusion verabschieden, dass in der Ehe aus eigenem Antrieb zusammenwächst, was zusammengehört. Meistens geschieht nämlich das genaue Gegenteil. Wir überlegen endlos, was wir mit unserem Leben anstellen, welchen Beruf wir ergreifen, in welches Viertel wir ziehen und welches Kleid wir kaufen, aber wenn es um die Romantik geht sind klare Gedanken zwar hilfreich, aber verpönt. Sie wirken relativierend, zögerlich und rational, wo hemmungslose Euphorie gefragt ist. Denn wir wollen ja schließlich, dass die Liebe den Verstand überrumpelt und mitreißt. Das mag zwar der Ehe als solcher nicht gelingen, schwingt aber bei ihrer Anbahnung fast immer mit. Selbst abgebrühte Zyniker wissen, dass man auf einen Heiratsantrag besser nicht mit Sätzen wie: »Ach, frag mich doch in einem Jahr noch mal« antworten darf. Wenn man es doch tut, überlebt die Beziehung dieses Misstrauensvotum meist nicht. Die Ehe gilt als Glücksfall für die Liebe, doch wenn das Glück tatsächlich vorhanden ist, braucht es dazu die Ehe nicht. Der Ehestand will den Menschen mit all seinen Ängsten und Schwächen so stärken, dass er nützlich sein kann. Die ideale Beziehung will ihn ebenfalls stärken, aber nicht zum Wohle anderer, sondern zu seinem eigenen Besten. Die meisten Menschen heiraten nicht nur dem Partner zuliebe, sondern ebenso sehr, um sich selbst Grenzen zu setzen. Die Ehe dient nicht allein dazu, den anderen anzuketten, sondern auch die eigene Person. Mir scheint, die Ehe ähnelt einem Nadelöhr. Wurde erst einmal ein Teil der Person hindurchgezwängt, wird der Rest schon folgen, so als bliebe ihm gar nichts anderes übrig. Herz, Körper und Verstand sollen gleichermaßen mit von der Partie sein, und hat eins von den dreien erst einmal ja gesagt, hält man es nur noch für eine Frage der Zeit, bis die anderen ganz automatisch hinterherkommen. Gleichzeitig, so die Hoffnung, lösen sich diffuse Sehnsüchte, Wünsche und Zweifel in Wohlgefallen auf. Hinter dem Beschluss zu heiraten, steckt ein passives Glückserwarten, das im Kappen von Möglichkeiten sein Heil wittert. Verheiratete glauben, dass Liebe, Leidenschaft und aufrichtiges Interesse am anderen mit dem *Jawort* ganz selbstverständlich von Dauer sein werden, eben »bis der Tod euch scheidet« Wahre Romantiker heiraten gerade nicht und setzen sich damit Aufgaben und Maximen, anstatt es sich bequem zu machen. Sie erwarten nicht, glücklich gemacht zu werden, sondern sich aktiv darum bemühen zu müssen. Das Ziel, nämlich eine dauerhaft erfüllte Liebesbeziehung zu erleben, ist also das Gleiche wie beim Hochzeiter, nur ist die Herangehensweise genau entgegengesetzt. Der wahre Romantiker hat wesentlich größere Erfolgsaussichten. Denn wo die meisten Menschen in der Hoffnung leben, etwa zu finden, dass sich wie die Liebe anfühlt, aber der Probleme und Mühen der Liebe entbehrt, hat der Romantiker erkannt, dass eine ideale Beziehung mehr erfordert. Nämlich täglich von neuem auf den Partner einzugehen, ihn ernst zu nehmen, nichts für selbstverständlich zu halten. Die Ehe entspricht den Konventionen, und es ist nicht zuletzt das Hochzeitsfest im Beisein von Zeugen, das manche angetraute Bindung stabilisiert, weil die Trennung als Gesichtsverlust und Peinlichkeit angesehen wird. Die ideale, romantisch gestimmte Beziehung dagegen schert sich nicht darum, was andere denken. Hier haben sich die Partner von Konventionen befreit und hören auf ihre eigene Stimme. Was der Ehe die Routine ist, ist der idealen Beziehung das Ritual. Die bewusste Wiederholung bestimmter Gewohnheiten und Gesten anstelle des alltäglichen Trotts. Den Planungen, Zukunftssorgen und der Erinnerungsseligkeit der Ehe setzt die ideale Beziehung die

Freude am Beisammensein im Augenblick entgegen. Während in der Ehe der Anspruch auf Selbstverwirklichung oft zu Lasten des anderen geht und damit zerstörerisch wirkt, versuchen die Partner der idealen Beziehung, einander zu helfen, ganz sie selbst zu sein. Hier wird nicht mit Verboten und Ermahnungen gearbeitet, sowie manche Frau ihren Gatten auffordert, vor Mitternacht wieder aus der Kneipe daheim zu sein. Auch viele Männer untersagen ihrer Ehefrau nach der Geburt in ihren Beruf zurückzukehren, anstatt sie dahingehend zu ermutigen. Hinter dem Eheversprechen steht immer auch ein Besitzanspruch: *Mein Mann. Meine Frau.* In der idealen Beziehung gehört man nicht einander, sondern einzig und allein sich selbst. Das zeigt der bewusste Verzicht auf eine Einstellung, in der man glaubt, den anderen vereinnahmen und über dessen Zeit und Ressourcen frei verfügen zu können. Der vielleicht wichtigste Unterschied zwischen Hochzeitspaaren und Romantikern jedoch ist, dass die Partner sich in der idealen Beziehung immer wieder klarmachen, dass Liebe ihrem Wesen nach selbstlos sein sollte. Natürlich lässt sich das nicht pausenlos erreichen, aber solange es zumindest ab und zu geschieht, ist schon viel gewonnen. Wenn ich einen Menschen liebe, muss mir in letzter Konsequenz wichtiger sein, dass es ihm gutgeht, als dass es ihm mit mir gutgeht. Wenn ich dem Geliebten das Beste wünsche, muss ich damit klarkommen, dass dieses Beste eines Tages mich womöglich nicht mehr miteinschließt. Die ideale Beziehung hat diesbezüglich viele Elemente einer aufrichtigen Freundschaft. Unseren Freunden wünschen und gönnen wir doch auch das Beste, ohne dabei zu denken, dass sie keine anderen Bekannten außer uns haben dürfen. Nur in der Liebe wollen wir für den anderen so einzigartig und unersetzlich sein wie er für uns. Wir werden dadurch zu Furien, wenn sich herausstellt, dass dem nicht so ist. Mir ist klar, dass die Tatsache, ob eine Beziehung oder Ehe funktioniert allein von den Akteuren abhängt. Doch ich kann sagen, dass die Institution Ehe uns eine trügerische Sicherheit vorgaukelt. Dass dies tatsächlich so ist, zeigt sich immer wieder in den gleichen Mustern der Geschichten, die ich über Jahre gesammelt habe. Um das ein wenig zu verdeutlichen, möchte ich ein paar Ehe Wahrheiten ansprechen, die das Dach der Ehe halten, und somit für das Gelingen und Scheitern einer Beziehung bedeutend sind.

Erwartungshaltung:

Die meisten Eheleute wachen eines Morgens auf und stellen ernüchtert fest, dass das Eheleben ihren Erwartungen ganz und gar nicht entspricht. Die Verliebtheit ist nicht mehr spürbar, der Körper, der da neben einem im Bett liegt, strahlt nicht mehr die gewohnte Wärme und Erotik ab. Aus dem zugewandten friedlichen Gesicht, ist die Ansicht eines Rückens geworden, dem man nicht mal ansieht, ob er wach ist oder schläft, außer er gibt eindeutige Geräusche von sich. Die Ehe ist immer noch eine Art Pakt zur gerechten Pflichtverteilung. Ich putze, du wäscht Auto. Du kochst, ich spüle ab. Generell ist dagegen nichts einzuwenden. Schlimm wird es erst, wenn wir zu viel voneinander erwarten. Zu einer idealen Beziehung gehört, dass man sich bemüht, nicht den Partner zu lieben, den man gerne hätte, sondern den, den man tatsächlich hat. Die Herausforderung der idealen Beziehung besteht nicht darin, den anderen daran zu hindern, dass er sich weiter- und womöglich von uns weg entwickelt, sondern sich gemeinsam zueinander zu entwickeln. Dann werden die Übereinstimmungen sich eines Tages die Waage halten.

Besitzdenken

Ein guter Partner hat treu zu sein: Dieser Anspruch ist eines der größten Probleme aller Zweierbeziehungen. Das weitverbreitete Leiden an der Leidenschaft liegt vor allem darin begründet, dass Sexualität und Liebe zwar im Idealfall zusammengehören, aber dennoch nicht miteinander verwechselt werden sollten. In unserer Kultur wird die funktionierende Sexualität oft als Voraussetzung für die Entstehung der Liebe gesehen. Nichts fürchten die angestrengt Monogamen daher mehr als den Seitensprung, der denn auch, wenn er bekannt wird, in den allermeisten Fällen zur Trennung führt. Die Komplikationen, die diesbezüglich auftauchen, haben aber eher damit zu tun, dass Treue ein ebenso weiter Begriff ist wie die Liebe selbst, jedoch selten als eigenständig betrachtet wird.

Schon beim Bemühen, den Tatbestand der Untreue zu definieren, geraten die meisten ins Grübeln. Ist wirklich einzig und allein der untreu, der trotz fester Bindung mit einem andern schläft? Oder schon der, der einen anderen küsst? Und was ist mit dem, der sich lediglich nach einem anderen sehnt? Mit engstirnigen Verhaltensmaximen wird man der

Sache nicht gerecht. »Wer sich selbst treu bleiben will, kann nicht immer einem anderen treu bleiben« Wer liebesfähig ist, sich also mit Offenheit und Bereitschaft anderen Menschen liebend zuwenden kann, wir tatsächlich fast niemals ein Leben lang treu sein. Das kann in emotionaler oder körperlicher Weise geschehen. »Ein Mensch der lieben kann, bleibt seiner Natur nach der Liebe treu, nicht der Treue« schrieb schon Goethe. Für die Romantiker unter uns wird es immer wichtiger sein, mit jeder Faser zu lieben, als aufopferungsvoll treu zu sein. Denn mit der Liebe entfaltet er sein ureigenes Wessen, und wenn man ihm dies verbietet, beschneidet man seine Seele. Das ist womöglich erklärungsbedürftig:

»Wenn jemand Tiere liebt oder den Wald, würden wir es seltsam finden, wenn er nur eine einzige Katze oder einen bestimmten Baum liebte« Diese Beschränkung auf ein Einzelnes erschiene uns wie eine zwanghafte Fixierung. Bei der Liebe zum anderen Geschlecht jedoch wird genau *das* erwartet. Wir wollen einander exklusiv besitzen und merken dabei gar nicht, dass aus der Warenwelt stammendes Besitzdenken in einem grausamen Widerspruch zu unserer angeblichen *oh, so großen*, Liebe steht. Wir fordern voneinander die Treue, weil wir eine kindliche Urangst davor haben, verlassen zu werden. Doch gerade durch dieses Besitzdenken, beschwören wir, in Form von Eifersucht, gerade dieses *Verlassenwerden* heraus! Da die Liebe aber kein Zustand ist, sondern ein lebendiger Prozess, lässt sich diese Fixierung nicht auf einen Befehl hin künstlich bewerkstelligen, und auch ein Treueversprechen ist daher bestenfalls eine Absichtserklärung, keine Garantie. Ein liebesfähiger Mensch kann denselben Menschen immer wieder lieben. Es ist ihm aber durchaus möglich, gleichzeitig auch einen anderen Menschen zu lieben. Die Liebe entsteht im Augenblick, und in diesem Moment steckt die Ewigkeit. Zugegeben. Die Motivation eines Seitensprungs ist anfänglich meist nur reine Neugier. Die Sehnsucht nach Abwechslung aus dem ehelichen Alltagstrott. Ein kleines Geheimnis, das man nur für sich selbst beanspruchen darf. Wer sich jedoch in einer Beziehung befindet, die ihn fordert, in die er sich mit all seinen Sinnen einbringt und in der er sich ganz und gar angenommen und geliebt fühlt, wird nicht besonders anfällig für einen solchen

Seitensprung sein. Hinzu kommt, dass man sich unbewusst besser benimmt, wen man sich die Liebe des Partners weiter verdienen will und diese nicht für selbstverständlich hält, was in der Ehe allzu oft der Fall ist.

Einsamkeit

Viele Ehen leiden an der Einsamkeit zu Zweit. Wie wir gesehen haben, spielen bei der Heirat die unterschiedlichsten Motive eine Rolle. Doch eines haben alle Verheirateten gemein: die Hoffnung, das Eheleben werde die eigene Einsamkeit lindern. Doch genau das Gegenteil ist häufig der Fall: Das Wort gemeinsam macht oft erst recht einsam. Die Mutter, die jeden Morgen den Frühstückstisch deckt, muss zusehen, wie Mann und Kinder eilig den Kaffee und den Kakao hinunterstürzen und dann zur Tür hinausflitzen. Zurückbleibend am abgegessenen Tisch, kommt dann nicht selten Melancholie auf. Man denkt nach über den Sinn dieses Daseins und hinterfragt irgendwann, ob diese tägliche Routine das ist, was man sich von seinem Leben erträumt hat. Die Liebe, wie glücklich sie auch sein mag kann die Einsamkeit immer nur vorrübergehend vertreiben. Doch da gibt es auch die positive Einsamkeit, die in Beziehungen genauso wichtig ist. Sie stillt das Bedürfnis nach dem Allein sein, wobei der Ausdruck »Für sich sein« treffender scheint. Der Einzelne braucht Platz, auch in der Liebe. Man muss diesen Wunsch nach gelegentlicher Isolation akzeptieren und respektieren, ohne ihn als Kritik an einem selbst oder der Partnerschaft zu sehen. Allerdings ist diese gewünschte Phase des »in sich sein« in der herkömmlichen Ehe nicht vorgesehen und wird daher oft als negative Veränderung der Beziehung gedeutet. Menschen, die sich immerfort aneinanderklammern, können keine gesunde Beziehung führen. Wer einmal längere Zeit Single war, hat meistens gelernt, das Alleinsein zu schätzen. Jeder Mensch braucht solche Phasen, um nachzudenken und Ereignisse zu verarbeiten und auf seine innere Stimme zu achten, um anschließend wieder umso fröhlicher und aufgeschlossener auf seine Mitmenschen zugehen zu können.

Zu einer erfüllten und erfüllenden Liebe gehört vor allem das Nachdenken darüber. Dazu braucht es Rückzugsmöglichkeiten zur Reflexion. Distanz ist für die ideale Beziehung ganz wichtig, damit es immer wieder zur freiwilligen erneuten Annäherung kommen kann. Menschen, die nie gelernt haben, allein zu sein, wie viele seriellen Monogamisten, fällt dies besonders schwer.

Rollenverteilung

In einer Beziehung, in der die Partner nicht ausschließlich Bestätigung, sondern Erweiterung und Erfüllung suchen, wird man die bekannte Rollenverteilung vergeblich suchen, die in den meisten Standard-Ehen, für die festgefahrene Routine bis hin zum emotionalen Stillstand verantwortlich ist. Die ideale Beziehung kann nur unter Gleichgesinnten und auf Augenhöhe stattfinden. Wenn jeder dem anderen alles sein kann und sich die Partner bemühen, einander immer wieder neu wahrzunehmen, definiert man sich nicht über die zugeteilten Aufgaben und Rollen. Da jeder sich ständig verändert und weiterentwickelt, verharren die Partner nicht bei dem Bild, das sie sich einst voneinander gemacht haben, sondern entdecken immer wieder neue Facetten aneinander. Aber auch materielle Abhängigkeit ist mit dem Freiheitsgedanken einer Liebe, wie ich sie meine, schwer zu vereinbaren. Der geliebte Mensch muss frei sein, um er selbst sein zu können. Er benötigt genügend Spielraum, um sich zu entfalten. Wer dabei den anderen immer erst um das nötige Kleingeld bitten muss, erlebt dies oft als demütigend und freiheitsbeschneidend.

Bequemlichkeit

Die Ehe ist nicht zuletzt deswegen so beliebt, weil man es sich darin gemütlich machen kann. Sie steht auch für eine wohltuende Erschlaffung des romantischen Bemühens, für eine gewisse Selbstverständlichkeit, die nach einigen Jahren von einem *sich gehenlassen* oft kaum noch zu unterscheiden ist. Nach der vorehelichen Balzzeit ist nun traute Entspannung angesagt. Man hat sich für einander entscheiden und kann sich jetzt an die Lebensplanung machen, und Kinder in die Welt setzen. In der Ehe strecken wir gewissermaßen emotional alle vier von uns und erwarten, dass die Institution das Zusammenleben schon für uns regeln wird. Er ist aber immer gefährlich, sich zu sehr zu entspannen.

Die waren Romantiker verzichten darauf, den Weg des geringsten Widerstands einzuschlagen. Sie wollen nicht bequem werden. Und indem sie die Annehmlichkeiten und Sicherheiten, die eine Ehe zweifellos bietet, bewusst ausschlagen, zwingen sie sich dazu, sich weiterhin anzustrengen, sich immer wieder um den anderen zu bemühen.

Wer durch das Nadelöhr Ehe geht, tut diese nicht zuletzt, um sich selbst zu disziplinieren. Viele vertrauen immer noch darauf, dass es irgendwo einen Schalter gibt, den man umlegen kann, und schon sind Kopf, Körper und Herz auf Ehe-Modus eingestellt. Dann, so hofft man werde man sich nie wieder nach einem anderen Leben, geschweige denn sich nach einem anderen Partner sehnen. Die wirkungsvollere Disziplinierungs-maßnahme jedoch scheint mir, nicht zu heiraten und sich damit selbst zu zwingen, die Präsenz des geliebten Partners nicht für selbstverständlich zu halten, ebenso wenig wie seine Gefühle für uns. Wo Eheleute mit beiden Beinen fest auf dem Boden der Tatsachen bleiben wollen, steht der wahre Romantiker gewissermaßen immer schon auf den Zehenspitzen, bereit, die Bodenhaftung zu verlieren und sich nach den Sternen zu recken. Nicht darauf zu bauen, dass sich alles irgendwie von selbst ergeben wird, sondern am eigenen Glück mitzuarbeiten. Eheleute meinen, sie hätten die Ziellinie bereits passiert, während wahre Romantiker darauf beharren, dass es ohnehin nur ein Ziel geben kann, nämlich den gemeinsamen Weg.

Und so kommt ein positiver Kreislauf in Gang: Wer nicht heiratet, verzichtet auf finanzielle Annehmlichkeiten und emotionale Bequemlichkeit nicht nur zum Wohle des Partners und der Beziehung, sondern auch zu seinem eigenen Besten. Die erfreuliche Nebenwirkung des steten Bemühens um den anderen besteht darin, dass wir selbst dabei zu immer interessanteren, tiefgründigeren und liebesfähigeren Zeitgenossen heranwachsen. Weil wir uns bemühen, werden wir geliebt, und weil wir unser Bestes geben, empfinden wir uns selbst als liebesfähig und liebenswürdig. Mit ständig wachsender Wahrhaftigkeit und innerer Substanz der Partner gewinnt wiederum die Beziehung. Während die

Liebe in der Ehe meistens immer weniger gepflegt wird und irgendwann zum Reflex verkommt, geht es in der idealen Beziehung umgekehrt. Die Liebe wächst, weil man sich umeinander bemüht, so dass die Partner sich immer unentbehrlicher werden.

Materialisten und Machos möchten einwenden, dass die ideale Beziehung hemmungslos unvernünftig und für den Alltag erst recht unpraktisch sei, weil sie sich gegen alle Berechnung und Berechenbarkeit sträubt. Darauf lässt sich nur entgegnen, dass die ideale Beziehung sich selbst als Schule der Herzensbildung begreift. Die Romantiker sind aber darum keine esoterisch gestimmten Heiligen der Moderne.

Natürlich ist es undenklich schwer und anstrengend, sich dauernd zu ermahnen, nicht bequem zu werden, den Partner nicht für selbstverständlich zu nehmen, ihm zu gefallen und Dinge zu tun, die uns vielleicht lästig sind. Es sind Kleinigkeiten, an denen man den Willen zur idealen Beziehung erkennt. Romantische Liebe bedeutet heute, selbst entscheiden zu können, was Liebe eigentlich ist und was sie uns bedeutet. Sie ist unser Privatkunstwerk, der eine Bereich, in dem jeder für sich Nobles vollbringen und Anerkennung dafür bekommen kann. Stattdessen jedoch gehen die meisten Menschen nach wie vor den Weg des geringeren Widerstandes, suchen sich einen Partner, der ihrer Eitelkeit guttun, der sie seinerseits schmückt und ihnen nützt. Unter dem Tarnnamen Liebe verbirgt sich oft ein gegenseitiges Zweckbündnis, zu dem sich keiner von beiden bekennen will.

Die meisten von uns neigen zu der Annahme, dass die ideale Beziehung mit dem idealen Partner steht und fällt. Stellt dieser sich in unserem Leben ein, wird die große Liebe nicht nur möglich, sondern geradezu selbstverständlich sein. Wenn es mit dem aktuellen oder dem letzten oder dem nächsten nicht passt, war keiner Schuld, sondern es war eben nicht *die große Liebe*. Der Weg zur idealen Beziehung führt aber erst einmal durch uns selbst hindurch, nicht über den anderen. Liebe geht durch Kopf und Herz und nicht nur über Hormone. Forscher wissen: Was Liebende übereinander und ihre Verbindung denken, hat großen Einfluss darauf, wie glücklich sie miteinander sind. Und je zufriedener sie mit dem anderen sind, desto konstruktiver streiten sie und desto stärker unterstützen sich. Mit anderen Worten:

Glück vermehrt sich, ebenso wie die Tendenz zum Schwarz-
sehen alles Positive verschlingt. Das zeigt, dass man die
Liebe nicht allein für Schicksal halten, sondern an die Ver-
änderbarkeit glauben muss. Wer meint, ohnehin nichts aus-
richten zu können, hat schon auf halben Weg verloren, und
wird letztendlich auch scheitern. Wie so oft im Leben, ist
auch die Liebe eine Frage der richtigen Einstellung: Wer
glücklich liiert ist, gibt eher äußeren Umständen als dem
Partner oder sich selbst die Schuld an negativen Beziehungs-
erlebnissen. Dieses Glück kostet kein Geld, man braucht
dazu keine Ausbildung, kein Abitur und kein Studium und
es ist altersunabhängig. Alles was man dazu braucht, ist die
grundsätzliche Bereitschaft, Herzensbildung, Humor und
Großzügigkeit. Den unbedingten Glauben daran, dass es
sich lohnt, auch bei Rückschlägen. Und Mut. Sehr viel Mut!

Ein Heiratsantrag mag das größte Kompliment sein, welches ein Mann einer Frau machen kann. Ihn jedoch abzu-
lehnen scheint mir das noch größere Kompliment, dass eine
Frau einem Mann machen kann. Sie sagt ihm nämlich damit:
Du brauchst mich nicht zu heiraten, um mir zu beweisen,
wie ernst es Dir mit mir ist. Du bist frei! Ich bin frei! Lass uns

so lange lieben und zusammenleben, wie es uns gefällt. Nun kann man durchaus an das Wunder der menschlichen Begegnung glauben, aber doch wissen, dass der Alltag mehr fordert als das große Versprechen, sich gegenseitig glücklich zu machen. Wir sollten es also in kleinen Schritten versuchen.

Wenn Sie trotz aller bisher gelesenen Kapitel unbedingt heiraten wollen – dann machen Sie es! Aber sagen Sie hinterher nicht, man habe Sie nicht gewarnt. Befolgen Sie wenigstens einige wenige Ratschläge. Heiraten Sie von mir aus Ihren Eltern zuliebe, tun Sie es, um ihren Namen zu ändern, um reich zu werden oder einfach nur deshalb, weil Sie einmal im Leben den *Traum in Weiß* tragen wollen.

Nur... tun Sie es bitte (!) nicht nur um der *Liebe* willen.

Nachwort

Damit die zutiefst glückliche Beziehung nicht ein Traumgespinst bleibt, überidealisiert und daher so nicht lebbar bleibt, muss man Beispiele dafür finden. Diese lassen sich jedoch meist nur in der alten Literatur oder bei den *Alten* finden, die meist ein einziges Glück und das in Zeiten von Krieg und Trennung hatten. Sie hielten diesen Schatz fest, weil sie wussten, er könnte ihnen jeden Tag genommen werden. Die harten Zeiten ließen keine Zeit für hohe Ansprüche und die Erfahrung hat sie gelehrt, auf was es tatsächlich in einer Partnerschaft ankommt. Sie hetzten nicht unerreichbaren Idealen hinterher, die sich auf Äußerlichkeiten und materiellen Dinge reduzierte. Den Jungen wie den Alten fiel es daher leichter, ganz im Moment zu leben und nicht dauernd an die Zukunft zu denken. Sie führten keine Kosten-Nutzen-Erwägungen und waren aufgrund fehlender oder überreicher Erfahrung unvoreingenommen. Diese Unmittelbarkeit verlieh ihnen Talent zur wahren Liebe. Sie sahen den anderen so, wie er ist, und nicht so, wie sie ihn gerne gehabt hätten.

Der dunkle Stern, unter dem die Liebe von Romeo und Julia bei Shakespeare stand, hat ihre Geschichte seit mehr als vier Jahrhunderten erhellt, so dass er jetzt noch strahlender leuchtet, als es sich der Dichter wohl jemals erträumt hat. Es ist jedoch nicht nur der tragische Ausgang, der das Paar so unvergesslich macht, sondern die Persönlichkeit der beiden Liebenden. Romeo unterschied sich durch seine Ernsthaftigkeit und seine Empfänglichkeit für eine tiefe Liebeserfahrung von seinen gleichaltrigen Freunden, was die darin ebenbürtige Julia instinktiv erkannte. Weil Julias Vater für seine Tochter eine standesgemäße Verbindung anstrebte, war somit deren heimliche Hochzeit mit Romeo, dem Abkömmling einer verfeindeten Sippe, Notwehr und Liebesbeweis zugleich. Was uns rührt, ist die Kompromisslosigkeit dieser Liebe, wenn Julia in bedingungsloser Treue zu Romeo den Tod einem Leben ohne ihn vorzog. Inspirierend war jedoch vor allem die Verbindung selbst, die dank der völligen Missachtung von Konventionalität und Engherzigkeit, dank einer ungewöhnlichen geistigen und seelischen Verbundenheit zu einem Inbegriff der idealen Liebe geworden ist.

Literatur, Theater und Film erzählen davon, wie sich Liebe anfühlen kann, anfühlen sollte – und warnen zugleich davor, dieses Gefühl für allzu langlebig zu halten. Ist die große Liebe erst einmal gefunden ist der Tod oft nicht weit entfernt. Trost spenden uns diese Geschichten dennoch. Denn sie zeigen, dass Liebe den Menschen von sich selbst erlösen kann, wenn auch nur vorübergehend. Sie kann ihm seine Bestimmung zeigen, ihm Momente schenken, in denen er eins wird mit der Welt. Ganz bei sich und dabei ganz bei einem geliebten Wesen. Für diese unvorhersehbaren Momente leben wir, ihretwegen lesen und lieben wir.

Die Helden der Literatur, die wahre Liebe immer als Herausforderung an die ganze Person betrachten, kennen auf diese Risiken und Nebenwirkungen nur eine mögliche Antwort. Sie sind gewarnt und scheren sich nicht darum. Aber wir können daraus lernen, wenn wir wissend sind. Wissend, wie eine mögliche Zukunft sich gestalten kann. Wir dürfen nicht aufgeben, es zu versuchen!

Die Zukunft und die Vergangenheit loszulassen, um sich ganz auf das hier und jetzt konzentrieren zu können. Die Lebensfreude liegt im Augenblick – und grübelt man zu lange darüber nach, ist er schon wieder vergangen. Also lasst uns vorbereitet sein, für die vielen kleinen Geschenke, die das Leben und Lieben jeden Tag für uns bereithält. Lasst uns in diesen Momenten, die sich gut anfühlen, Pflichten und unrasierte Beine vergessen. Stürzt Euch hinein in die Woge des einzigartigen Gefühls, wenn man weiß, es ist gut! Wir wissen vorher nie, wann wir einem Menschen begegnen, der solche Gefühle in uns auslöst und wir wissen ebenso wenig, wann diese Begegnung enden wird. Aber wir wissen, dass es sich gut anfühlt. Das ist das Wichtigste. Der Rest ergibt sich von alleine.

Danksagung

Ich danke allen Freunden und Bekannten, die mir so offen und ausführlich von Ihren Lebens-und Liebeserfahrungen berichtet haben, die ich so für die Recherche dieses Buches verwendet konnte. Ich danke allen Freunden; besonders meinen wunderbaren Kindern Daniel und Emily und dem Rest der Familie, dass sie an mich und die Realisierung dieses Buches geglaubt haben.

Susanne Rehak

Worterklärungen

- *„Amour fou":* französisches Wort für eine leidenschaftliche, verrückte Liebe, die aufgrund ihrer Intensität als unnormal empfunden wird.
- *Ballspiel: „Verliebt, verlobt, verheiratet":* Alle Mitspieler stellen sich in einen Kreis. Der Ball wird nun von einem zum anderen geworfen. Wer den Ball fallen lässt, bzw. nicht schnappt, ist verliebt. Beim zweiten Fehler verlobt und beim dritten verheiratet. Bei einem weiteren Fehler, scheidet der Spieler aus.
- *Serotonin:* Es ist ein chemischer Botenstoff in unserem Körper, der für die Übertragung von Signalen zuständig ist. Ein zu niedriger Serotoninspiegel macht sich häufig als Depression bemerkbar.
- *Testosteron:* Ist ein Sexualhormon, das bei beiden Geschlechtern vorkommt, sich jedoch in Konzentration und Wirkungsweise bei Mann und Frau unterscheidet.
- *Dopamin:* Im Volksmund gilt es als *„Glückshormon"* und ist für die Antriebssteigerung und Motivation zuständig.
- *Noradrenalin:* Ist einfach erklärt, für die Steuerung des Wahrheitsgehaltes und der Aufmerksamkeit zuständig
- *Weibliche Eizellen:* Eine Frau besitzt circa 300.000-400.000 Eizellen. Am Ende der Geschlechtsreife sind es nur noch 1000. Davon reifen jedoch nur 400 Eier als Follikel im weiblichen Körper heran.
- *MHC-* Moleküle: Major Histocompatibility Complex. Er umfasst eine Gruppe von Genen bei Wirbeltieren, die Proteine codieren, welche für die Immunerkennung, die Gewebeverträglichkeit bei Transplantationen und die immunologische Individualität wichtig sind.

- *Decartes:* Rene Descartes war ein französischer Philosoph, Mathematiker und Naturwissenschaftler. Er gilt als der Begründer des modernen frühneuzeitlichen Rationalismus.
- *Cutaway:* Es ist ein in England aus dem Gehrock entwickeltes Kleidungsstück für Herren, das in seiner heutigen Form um 1900 festgelegt wurde.
- *Montaigne:* Michel, Eyquem de Montaigne war Jurist, Politiker, Philosoph und Begründer der Essayistik.
- *Altruistisch:* Eine durch Rücksicht auf andere gekennzeichnete Denk-und Handlungsweise.
- *Anglizismus:* Eine Ausdrucksweise oder eine Bedeutung aus der englischen Sprache, die in eine andere Sprache eingeflossen ist.
- *Machiavellistisch:* Es ist eine im 16.ten Jahrhundert aufkommende Bezeichnung für eine Niccolo`Machiavelli (1469-1527) zugesprochene politische Theorie, nach der zur Erlangung oder Erhaltung politischer Macht jedes Mittel unabhängig von Recht und Moral erlaubt ist.
- *WHO:*Weltgesundheitssorganisation
- *Meritokratie:*Ist eine Herrschaftsordnung, bei der die Amtsträger aufgrund einer sogenannten oder als socher definierten „Leistung" bzw. „besonderer Verdienste" ausgewählt werden.
- *Variatio delectat:*lat:Abwechslung macht Freude
- *Errare humanum est*lat.* Irren ist menschlich
- *Ambilight*Eine von der Marke Philips entwickelte Technologie für Fernseher, welche die Umgebung des Fernsehers farblich an das Fernsehgeschehen anpasst.

Zeitfracht Medien GmbH
Ferdinand-Jühlke-Straße 7
99095 Erfurt, Deutschland
produktsicherheit@kolibri360.de